日野市立新選組ふるさと歴史館にて

ジョン万次郎資料館名誉館長に就任。
左は、当時の高知県知事尾崎正直氏。

ジョン万次郎資料館名誉館長

ビビる大木の

幕末ひとり旅

ビビる大木

ジョン万次郎資料館名誉館長

敬文舎

装丁・デザイン　　竹歳　明弘
地図作成　　　　　蓬生　雄司
編集協力　　　　　河野　浩一

[写真協力（五十音順）]
鹿児島観光コンベンション協会
鹿児島県観光連盟
河原町商店街振興組合
京都市観光協会
熊本市観光政策課
高知県観光協会
高知県立坂本龍馬記念館
高知市商工観光部
国立国会図書館デジタルコレクション
小島資料館
佐藤彦五郎新選組資料館
下田市観光協会
下田市教育委員会
写真紀行・旅おりおり
松陰神社（萩）
ジョン万次郎上陸碑期成会　山城毅
ジョン万次郎資料館
新選組のふるさと歴史館
聖徳記念絵画館
世田谷区役所　生涯学習・地域学校連携課文化財係
高幡不動尊金剛寺
チムニー
中央区まちかど展示館
土佐清水市観光協会
豊見城市教育委員会
長崎県観光連盟
長崎歴史文化博物館
萩市観光協会
土方歳三資料館
広島観光ナビ
フォトライブラリー
みたかナビ
山口県文書館
横須賀市文化スポーツ観光部観光課
霊山歴史館

※写真掲載にあたりましては十分に注意をしておりますが、
何かございましたら編集部までご連絡ください。

もくじ

はじめに――下田で知った幕末のおもしろさ

幕末の魅力というか、おもしろさって、どこか〝どさくさ〟しているところにあると思うんですよ。

ボクが興味をひかれる歴史上の人物の多くは、みごとなほどにあの時代に集中しています。彼らがみんな、幕末から明治維新という大変革の時代をはげしく生きた人たちだったことを知るにつれ、ある種の驚きを覚えるほどです。

その幕末のどさくさのなかで、「幕末の志士」と呼ばれる人たちが、いったい何を考え、どう生きていたのか……。そんなことを考えるとわくわくしてくるのです。

そもそもボクに幕末の魅力を最初に感じさせてくれたのは、伊豆《いず》の下田《しもだ》でした。

たしか二七歳ぐらいのころです。それまでも、何度か伊豆には温泉旅行に行っていましたし、下田もたびたび訪れていましたが、あるとき、「下田には、黒船に乗り込もうとした吉田松陰《よしだしょういん》という若者が潜伏した家がある」ということを耳にしました。

吉田松陰は、今でこそ先生と呼ぶほど尊敬していますが、ボクはそのときまで、松陰先生がどんな人物なのか、まったく知りませんでした。

ところが、そんなボクが大人になって、偶然にも、「下田で黒船に乗り込もうとした若者がいた」という話を聞いたとき、なぜか、「ほう」と思ったのです。

そこで、吉田松陰という人物について軽く調べてみると、下田ではなく、遠く離れた長州《ちょうしゅう》（山口県）の出身だということがわかりました。「へえ、そうか。彼はわざわざ山口から下田まで黒船に乗りに来たんだ！　それにしてもどうして？」。

萩の松陰神社にて　宮司の上田俊成さん（現・名誉宮司）と。ひとり旅は、思いがけない出会いもつくってくれます。その節はありがとうございました。

興味をひかれたボクは、松陰先生が滞在していたという家の場所を調べ、どうやら「吉田松陰寓寄《ぐうき》処《しょ》」と呼ばれているところがそうだということを知り、さっそく、訪ねてみることにしました。明確な目的意識があったわけではありません。「マニアックな観光スポットらしいから行ってみようかな」ぐらいの軽いノリでした。

でもボクは、それをきっかけに幕末に魅《み》せられることになったのです。以来、ボクは折をみては、幕末に活躍した人びとのゆかりの地をぶらりと訪ね歩くようになりました。

もちろん、本を読んだり、インターネットで調べたりすることで、多くのことを学ぶことはできるでしょう。でも、実際に足を運んでみると、まったく違います。

なにより、ゆかりの場に立ち、その風景のなかに身を置いて呼吸することで、自分という存在と歴史上の人物と一体化できるような気がします。

その人物がたしかに存在していたということを強く実感できるのです。

そして、ボクの歴史をたどる「ひとり旅」は、いつの間にか人生の楽しみのひとつになりました。時間をつくって、ひとりでぶらりと旅をする……。その楽しさを知っていただきたくて、この本を書いてみることにしました。

もちろん素人ですから、専門的なことは書けませんし、歴史にくわしい方から見れば笑ってしまうようなことも書いてしまうかもしれません。それはお許しいただくとして、ボクなりのひとり旅体験記を読んでいただければ幸いです。

ビビる大木

二〇二一年三月

ビビる大木の
幕末ひとり旅

第一章 吉田松陰編

ボクが松陰先生に惹かれるワケ

幕末史を彩る数多くの人物のなかでも、知れば知るほど不思議でわかりにくいのが松陰先生です。文政一三年（一八三〇）に生まれ、安政六年（一八五九）に亡くなるまでわずか二九年……。その短い人生を駆け抜けた松陰先生のまわりには、明治維新に大きな影響を与えることになる若者たちが続々と集まってきました。

山口県萩《はぎ》市の松陰神社《しょういんじんじゃ》には、今も「松下村塾《しょうかそんじゅく》」がそのままの姿で残っています。本当に小さな建物です。でも、時代を変革する傑出した人物がそこからつぎつぎと出てきたのです。

彼らは松陰先生に学ぶうちに成長し、切磋琢磨していった。ボクは、そんな教育の場があったことはすごいことだと思いますし、人智を超えるなにかを感じるのです

吉田松陰像　（絹本着色）山口県文書館所蔵
安政の大獄で松陰先生が江戸に送られることが決まったとき、弟子の松浦松洞が野山獄で描いたもの。当時は、「目上の人を若く描くことはよしとしない」という考えがあり、実際よりも年上に描くことで尊敬の念を表していたそうです。実際の松陰先生はもっと若々しかったに違いありません。

松陰先生の故郷　萩ガイド

山口県萩市の松陰神社は、ＪＲ山陰本線の東萩駅からタクシーで５分ほど、徒歩で 20 分ほどの場所にありますが、その神社内に「松下村塾」が当時のままの姿で残されています。そして松陰先生の誕生地は松陰神社からゆっくり歩いても徒歩で 20 分ほど……。ぜひ歩いてほしいコースです。

松陰神社 本殿

松陰神社は明治 40 年 (1907) に創建された。現在の社殿は昭和 30 年（1955）に完成したもの。ご神体として松陰が愛用した赤間硯と、死を前に親族宛（父叔兄宛）に書いた文書がおさめられている。

松下村塾

叔父の玉木文之進が開いた私塾を、安政４年（1857）に松陰が継ぎ、多くの弟子を育て上げた。木造瓦葺き平屋建ての 50㎡ほどの小舎で、講義室だった８畳の部屋には松陰の石膏像と肖像画、机が置かれている。

松陰神社宝物殿 至誠館

松陰誕生の地

松陰は萩市内を一望できる「団子岩」とよばれる高台で誕生し、19歳までこの地で過ごした。近くには、ペリー艦隊をみつめる松陰と、見上げる金子重輔の銅像も建てられている（下右）。

松陰の墓所

松陰の墓所は、誕生地に隣接している。この墓所には、杉百合之助・吉田大助・玉木文之進など一族の墓のほか、門人の高杉晋作などの墓もある。

【吉田松陰年表】

和暦	西暦	できごと
文政13	1830	長門国萩（山口県萩市）松本村に杉家の二男として誕生。
天保6	1835	叔父・吉田大助が亡くなり、吉田家8代目を継ぐ。
天保7	1836	●天保の大飢饉。
天保8	1837	●大塩平八郎の乱。
天保10	1839	長州藩の藩校明倫館で山鹿流兵学を教える。
天保11	1840	長州藩主慶親（敬親）の前で「武教全書」を講義。 ●アヘン戦争。
天保13	1842	叔父玉木文之進、自宅で「松下村塾」を開く。
弘化5／嘉永元	1848	藩校明倫館の独立師範となる。
嘉永3	1850	九州遊学。肥後藩で宮部鼎蔵を訪問。
嘉永4	1851	江戸遊学、象山の塾に入門。宮部鼎蔵と東北旅行に出発。
嘉永5	1852	東北旅行で脱藩の罪を問われ、杉家に自宅謹慎。
嘉永6	1853	二度目の江戸遊学に出発。 ●ペリー艦隊、浦賀に来航。 密航を企て浦賀へ。その後、藩に「将及私言」を提出。

吉田松陰人物年表

人物	生年月日
吉田松陰	1830.09.20
（父）杉百合之輔	1804.02.23
（弟）杉敏三郎	1845
（叔父）玉木文之進	1810.09.24
（義弟）久坂玄瑞	1840.05
（門弟）伊藤博文	1841.09.02
（門弟）桂小五郎（木戸孝允）	1833.06.26
（門弟）高杉晋作	1839.08.20
（門弟）金子重輔	1831.02.13
（門弟）山縣有朋	1838.04.22
（友人）宮部鼎蔵	1820.04
（藩主）毛利慶親（敬親）	1819.02.10
（師匠）佐久間象山	1811.02.28

嘉永7／安政元	1854	●ロシア艦隊、長崎に来航。長崎へ向かうも密航は果たせず。●ペリー艦隊、再来航。日米和親条約締結。金子重輔と密航を画策、失敗。江戸の伝馬町牢獄を経て萩に送還。松陰は野山獄へ、金子は岩倉獄へ投獄。
安政2	1855	●金子重輔、岩倉獄で病死。野山獄からの出獄を許され、松下村塾での講義を始める。
安政3	1856	●ハリス、下田に来航。
安政4	1857	松下村塾を正式に引き継ぐ。
安政5	1858	●井伊直弼、大老に就任。安政の大獄始まる。「間部要撃策」を提言。藩命で松下村塾は閉鎖となり、野山獄に再入獄。獄中より「草莽崛起」を訴える。
安政6	1859	幕府から松陰の江戸送致の命、伝馬町牢獄へ投獄される。●神奈川・長崎・箱館開港。10・25「留魂録」を書き始め、26書き終える。10・27死罪を申し渡され、執行。

1859.11.21
1865.08.29
1876
1876.11.06
1864.07.19
1909.10.26
1877.05.26
1867.04.14
1855.01.11
1922.02.01
1864.06.05
1871.03.28
1864.07.11

下田からはじまった「幕末ひとり旅」

吉田松陰寓寄処で触れた、松陰先生のたしかな存在感

ボクが、「幕末の歴史をたどる」という目的を持って最初に訪ねたのは、松陰先生が滞在したという伊豆・下田の家でした。

吉田松陰寓寄処　松陰は行馬郎の屋敷に身を潜めて密航のチャンスをうかがった。

村山行馬郎《むらやまぎょうまろう》というお医者さんの家だったそうですが、今は「吉田松陰寓寄《ぐうき》処《しょ》」と呼ばれ、彼が潜《ひそ》んでいたという屋根裏部屋もそのまま残されていました。

それがけっこういい部屋なんですよ。その部屋を見ながら、ボクは、「なんで松陰先生は、ここに隠れていたんだろう」なんて、ぼんやりと考えていました。

そのときのボクは、まだ江戸幕府と討幕勢力の関係も理解

松陰も入った村山行馬郎邸の温泉

2階の隠れ部屋へ続く階段　階段は取り外し可能。天板を引くと2階がわからない。

していなかったし、その当時、密航がどれほどの重罪だったかも知りませんでした。それぐらい歴史を知らなかったということです。でも、吉田松陰寓寄処に行って、僕のなかで何かが変わったような気がします。

吉田松陰寓寄処には、松陰先生が入ったお風呂がそのまま残されていましたし、実際に使った茶碗《ちゃわん》とか机《つくえ》もガラスケースに収めて陳列されていました。

ほかに見物客がいなかったので、係の人に、「絶対、だれにも言わないから触らせてくれ」と、土下座して頼み込みましたが、さすがにダメでしたね。

でも僕は、それらの品々を見ながら、吉田松陰という人物の存在を強く実感したのです。「彼はたしかにここにいたんだな」と……。

とはいいながら、それですぐに僕の〝幕末愛〟に火がついたわけではありません。幕末の歴史のほんの一点に触れただ

隠れ部屋の外　部屋の窓の外には大きな木が植えられ、外からは見えにくくなっていた。

けで、何かをぼんやりと感じたものの、まだまだ大きな時代の流れを感じるだけの知識も意欲もなかったのです。

それが大きく変わったのは、平成一六年（二〇〇四）に放送されたNHKの大河ドラマ『新選組！』がきっかけでした。

その前年に、『新選組！』がはじまることを知ったボクは、「ちょっと新選組のことを勉強しとこうかな。そうしたら一年間の大河ドラマを思い切り楽しめるかな」と思って、これまた軽い気持ちで新選組関連の本を読みはじめました。

すると、松陰先生も坂本龍馬《さかもとりょうま》も西郷隆盛《さいごうたかもり》もみんな、じつは同時代を生きた人たちであることがわかってきたのです。それまで点にすぎなかった歴史が一本の線につながりはじめたといってもいいでしょう。

ボクは、「まさに幕末こそ、日本の歴史におけるオールスターの時代じゃないか」と感じました。それからですね。「幕末って、なんだかおもしろい時代だな」と思うようになったのは……。

見どころ満載の下田の街

そもそも、松陰先生が村山行馬郎と出会ったのは、ひどい疥癬《かいせん》に悩まされていたから。「蓮台寺《れんだいじ》温泉の湯が効《き》く」と聞きつけた松陰先生が、夜中にこっそりと村の共同浴場に入っているのを発見したのが行馬郎だったそうです。

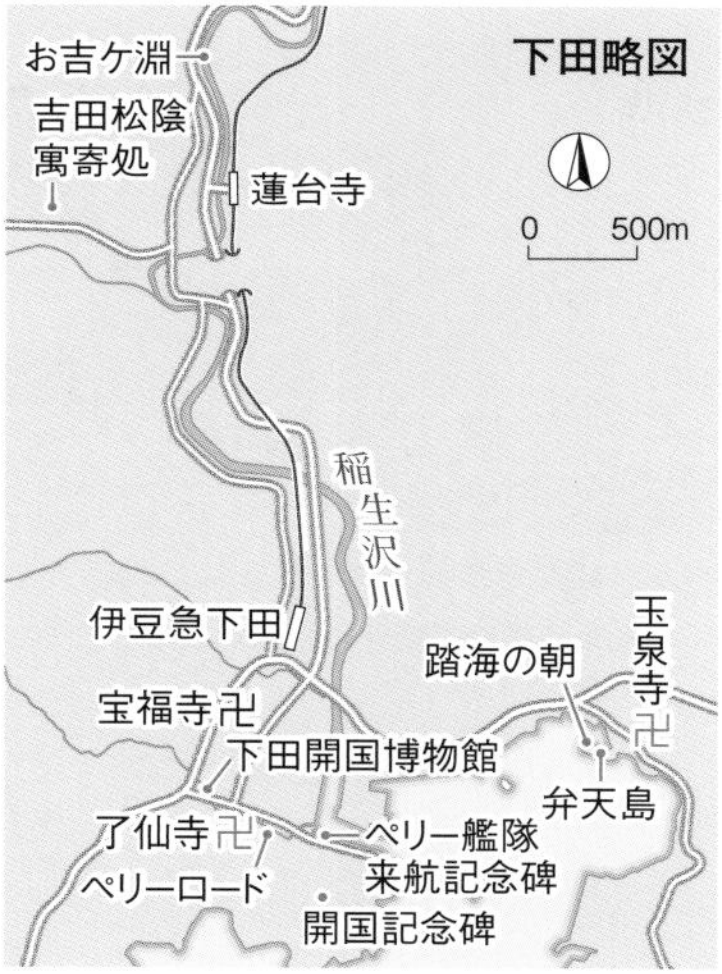

また、下田に行くと、今でもおじさんたちが、尾形大作さんが歌っていた演歌『吉田松陰』をカラオケで熱唱しているとか。それを聞いたときには、「なるほど、松陰先生はそれほど下田の人びとにとって身近な存在なんだ！」と感じ入ったものです。

学校では「黒船といえば浦賀《うらが》」と教わっていましたが、じつは伊豆の下田も、日本開国

ペリーロード　ペリー提督一行が了仙寺での下田条約締結のために行進した道。

ペリー艦隊来航記念碑　下田条約締結のための嘉永７年の来航を記念して建てられた。

という大事件のもうひとつの舞台となっていたこともよくわかりました。

　下田には、ペリー来航を記念する「ペリー艦隊来航記念碑」がありますし、ペリー一行が下田条約を締結するために了仙寺《りょうせんじ》まで行進した道路は、今では「ペリーロード」と名づけられて観光名所となっています。

　また、たとえば、下田の宝福寺《ほうふくじ》といえば、「山内容堂《やまうちようどう》と勝《かつ》海舟《かいしゅう》の会見の場」として知られています。

　幕府軍艦奉行並《ぐんかんぶぎょうなみ》という役職についていた海舟が、前土佐《とさ》藩主の容堂を訪ねて、「坂本龍馬の脱藩《だっぱん》を許してほしい」とお願いした場所です。そこで容堂は、大きな杯になみなみと酒を注がせ、「ならば、この酒を飲み干してみよ」と海舟に迫ったといいます。

　容堂が「鯨海酔侯《げいかいすいこう》」を自称するほどの大酒飲みだったのに対し、海舟は酒を飲めない下戸《げこ》だったのですが、海舟は、そ

朱の大杯　下戸の勝海舟に山内容堂が「この酒を飲み干せ」と迫ったとされる。

宝福寺　山内容堂と勝海舟の会見の場で知られる。「お吉」の墓がある。

の酒をためらうことなく飲み干します。
それを見た容堂は、「勝が酒を飲んだ」とたいそう喜び、龍馬の赦免《しゃめん》を約束したのです。
しかし酒の席での話であり、信用できません。そこで海舟は、証拠の品として容堂が持っていた瓢箪《ひょうたん》を求めます。すると容堂は白扇を取り出して「瓢箪」を描き、「歳酔三百六十回　鯨海酔侯」と書いて、龍馬を許す証拠の品として海舟に手渡したというのです。

宝福寺には、そのときの「朱の大杯」が今も残されていますし、「白扇の瓢箪」のレプリカも展示されています。

宝福寺には、日本の開国後、初代の駐日領事として赴任したタウンゼント・ハリスの世話をした「唐人《とうじん》お吉《きち》」の墓もあります。ボクは、宝福寺に足を運ぶことで、時代の大転換によって人生を翻弄《ほんろう》されたひとりの女性がいたことを知ることとなりました。

幕末探検隊 レポート①

「唐人お吉」の物語の舞台

お吉は、宝福寺の記録によると、天保《てんぽう》一二年（一八四一）に愛知県知多郡内海で生まれ、四歳のときに、一家で下田に移り住む。しかし、船大工だった父親が亡くなり一家はたちまち困窮。お吉は一七才のころ、芸者になった。

その美貌が街の評判だったお吉は、安政四年（一八五七）五月二二日、下田奉行所に命じられて、ハリスが滞在していた玉泉寺《ぎょくせんじ》に出向くことになった。体調を崩したハリスからの要請に下田奉行所がこたえるかたちで、彼女が送り込まれたのだ。そのとき、下田奉行所には、「あわよくば、きちがハリスの愛妾《あいしょう》となることでアメリカとの外交交渉を有利に進められるのではないか」という下心があったのだろう。あるいは、お吉自身も奉行所から言い含められて、それを覚悟していたかもしれない。

ただし、彼女は、三日後には解雇されてしまう。そう、彼女が玉泉寺にいたのはたった三夜にすぎなかったのだ。それにもかかわらず、世間の人びとは彼女を偏見の目で見るようになる。

彼女は、明治二三年（一八九〇）、稲生沢川《いのうざわがわ》で水死する。その地には碑と石仏が祀《まつ》られ、今では「お吉ヶ淵」と呼ばれている。

そんな彼女の一生が「唐人お吉」の物語として語り継がれ、未だに墓参りに訪れる人が絶えない背景には、「かわいそうなことをしたな」という、人びとの後悔の念も含まれているのだろう。

「唐人お吉」の物語が広く伝わり、史実のように語り継がれているきっかけは、伊豆下田の開業医で開国史研究者だった村松春水《むらまつしゅんすい》が昭和二年（一九二七）に発表した『実話唐人お吉』だったとされている。

さらに昭和三年には、十一谷義三郎《じゅういちやぎさぶろう》が『実話唐人お吉』を基にした小説『唐人お吉』を発表し、それが昭和四年から五年にかけて『東京朝日新聞』に連載されたのち、映画もつぎつぎにつくられ、大ヒットすることとなった。

ちなみに、この時期、中国への進出をめざす日本は、やはり中国での利権を狙っていたアメリカと対立、日本国内ではアメリカへの不信感や反感が急速に高まっていた。そんな反米感情の高まりがあったからこそ、事実とフィクションを巧みに交えてつくられた〝ものがたり〟が、あたかも真実であるかのように定着したとされている。

お吉とされる写真　お吉19歳の写真とされてきたが、近年、信憑性は低いとされる。

お吉ヶ淵　例年、お吉が亡くなった3月27日には供養祭が行われている。

松陰先生が宿代を踏み倒した!?

松陰先生が黒船に乗り込もうとして、吉田松陰寓寄《ぐうき》処《しょ》に潜《ひそ》んでいた話は前にしましたが、じつは、その前には「岡村屋」（岡方屋とも）という旅館の二階に投宿していたそうです。その岡村屋でのおもしろいエピソードも耳にしました。

松陰先生が岡村屋に投宿していた嘉永七年（一八五四）三月一八日、黒船がはじめて下田に姿を見せます。松陰先生は、その知らせを聞くや否《いな》や、岡村屋を飛び出します。よほど、待ち焦《こ》がれていたのでしょう。そのとき夢中になったあまり、宿代を払うのも忘れてしまい、「宿代を踏み倒した」とばかりに取り押さえられてしまったというのです。

今は、その建物の前に「吉田松陰投宿の跡」という碑が残っているばかりですが、ボクが行った当時は、下田屋旅館という名で営業しており、松陰先生が泊まった部屋に泊まりたいという人が結構いましたね。ボクもぜひ一泊したいと思い

弁天島（左）と「踏海の朝」の像　松陰は、下田湾を指差している。

ましたが、あいにく満室で断られてしまいました。

でも、そんな、地元に行かなければ聞けない話に出会えるのも、ひとり旅の楽しみです。

おさえておきたい「弁天島」

松陰先生が黒船に乗り込こもうとして、小舟を漕《こ》ぎだした「弁天島《べんてんじま》」も忘れてはならないチェックポイントでしょう。

松陰先生と長州藩士金子重輔《かねこしげのすけ》（重之輔とも）は、その弁天島の祠《ほこら》に隠れて夜を待ち、暗くなってから小舟で黒船に漕ぎ寄せたと伝えられています。その話は四四ページでも触れますが、下田市は、この弁天島を「吉田松陰　踏海《とうかい》の企《くわだて》跡」として市の史跡に指定しています。

こうして、下田にまつわる歴史の勉強をひととおりすませたボクは、吉田松陰という人物をもう少し知りたいと思うようになり、山口県萩《はぎ》市をめざしたのです。

松陰先生の足取りをたどる萩・長崎・熊本への旅

萩の松陰神社

山口県萩《はぎ》市の松陰神社《しょういんじんじゃ》内に、「松下村塾《しょうかそんじゅく》」が建っています。鳥居をくぐり、松下村塾の建物の前に立ったボクは、とても不思議な思いに駆られました。ここに高杉晋作《たかすぎしんさく》や伊藤博文《いとうひろぶみ》が通い、学んでいたんだと……。

松下村塾は、もともと松陰先生の叔父である玉木《たまき》文之《ぶんの》進《しん》が、天保一三年（一八四二）に自宅に開いたもので、もとは八畳一間だったそうです。その後、塾生が増え、一〇畳半ほどが増築されていますが、それでも二〇畳ほどしかありません。

松陰神社内の句碑　「親思ふ　心にまさる　親心・・・寅二郎」

こんな小さな空間に、維新を進めた志士たちが集まって

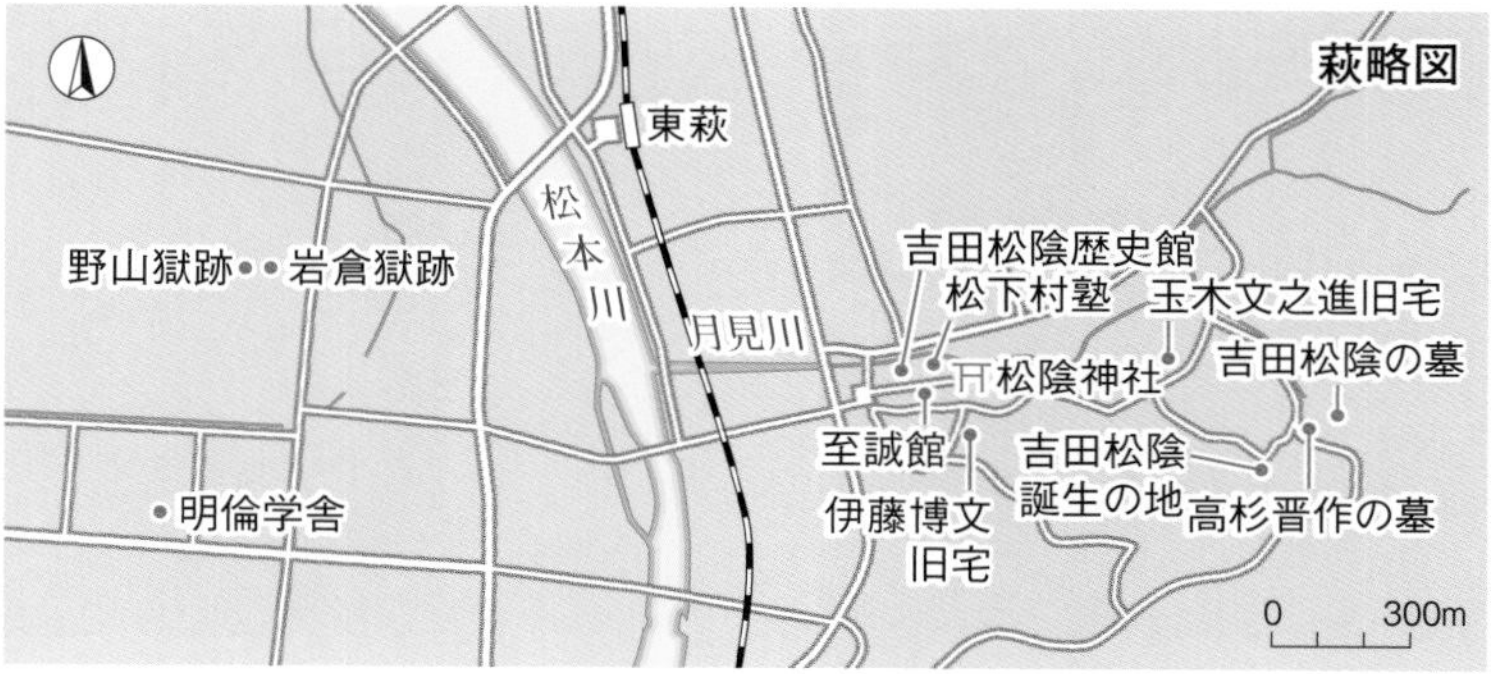

いたんだ！

ボクは、そんな感慨にふけると同時に、人智を超えるなにかに触れたような気がしました。そこは、まるで神様がこの一角にパワーをギュッと集めてつくり出したような空間でした。偶然とはいえ、ここに幕末期の日本に大きな影響を与えた人びとが集まっていたのですから。

たとえばのちに総理大臣になった伊藤博文も、周防《すおう》国熊毛《くまげ》郡東荷《つかり》村（現在の山口県光市）の貧しい農家の出身です。伊藤博文がそれを成し得たのは、松陰先生との出会いがあったからであることは間違いないでしょう。

そもそも、松下村塾に通っていたのは、最初のうちは、近所に無料で通える塾があるという理由で、集まってきたメンバーが多かったとか。それにもかかわらず、傑出した人物がつぎつぎと出てきたのは、やはり松陰先生の存在があったか

吉田松陰先生誕生之地の碑　揮毫は、松下村塾の門下生山縣有朋。

松陰先生産湯の井　当時使っていた井戸が残されている。

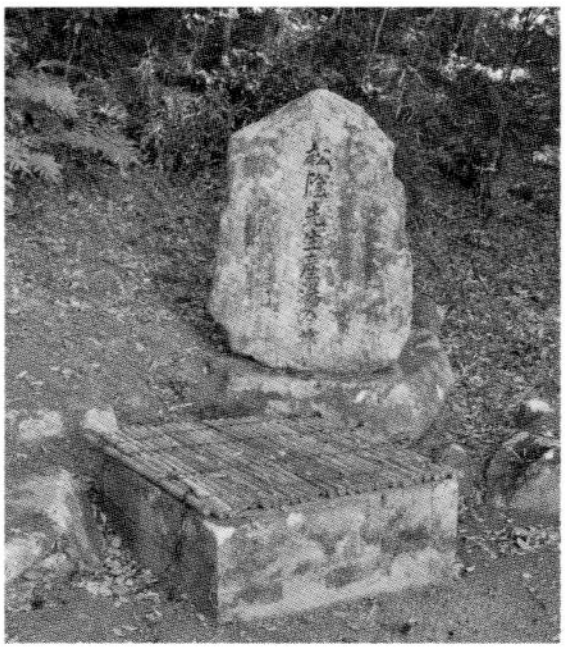

らこそでしょう。

松陰先生に学ぶうちに、彼らは成長し、切磋《せっさ》琢磨《たくま》していった。そんな教育の場があったことは、本当にすごいことだと思います。

松陰先生の生家跡

松陰神社を出たボクは、そのまま松陰先生の生家跡をめざしました。松陰先生の生家跡は、松陰神社から歩いて二〇分少々の山の中腹にあります。

山を登っていくと、やがて視界が開け、北西の方角に日本海が望めるようになります。また西を望めば、萩の街が望めます。今はもうありませんが、萩城の天守も見えていたかもしれません。

松陰先生は、毎日のようにこの道を歩いていたんだな。

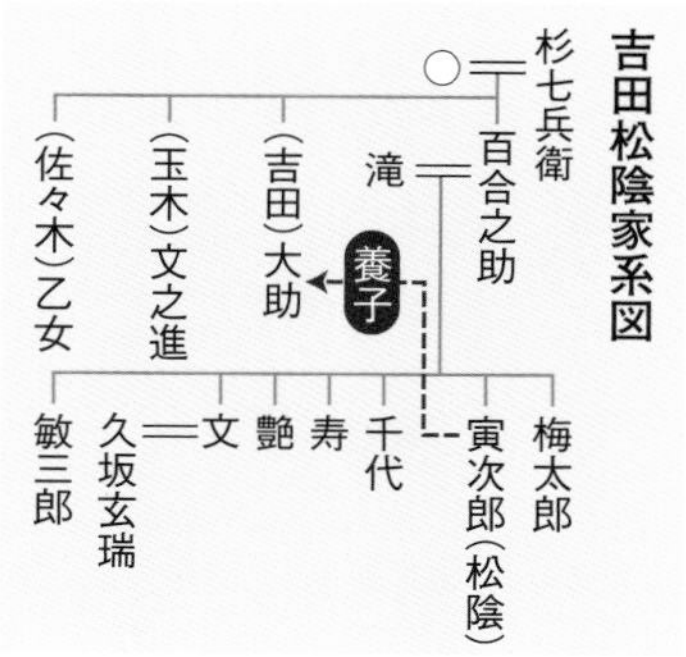

松陰先生は、こんないい景色を見ながら育ったんだな。それが、先生の思想に大きな影響を与えたのかもしれない。

そんな思いが湧《わ》いてきます。

実際に道を上り下りしていると、松陰先生も同じようにこの坂を歩いたのか、この曲がり角を折れたのかと、一瞬タイムトリップして、先を歩く松陰先生の後ろ姿が見えてきそうな気さえしてきます。まさにひとり旅の醍醐味《だいごみ》です。

松陰先生の生家跡に建物は残っていませんが、間取りを示す敷石が残っていますし、松陰先生が産湯《うぶゆ》に使った井戸も残っています。

またこの地には、先生の門下生のひとりであり、のちに内閣総理大臣（第3・9代）にもなった山縣有朋《やまがたありとも》の揮毫《きごう》による「吉田松陰先生誕生之地」の石碑も建てられています。

玉木文之進旧宅　松陰の叔父文之進は、天保13年（1842）、ここで松下村塾を開いた。

神童と呼ばれた少年時代

松陰先生は、文政一三年（一八三〇）八月四日、長州萩城下松本村（現在の山口県萩市）で長州藩士杉《すぎ》百《ゆ》合《り》之《の》助《すけ》の七人兄弟の次男として生まれました。幼名は寅之助です。

その松陰先生は、天保五年（一八三四）に、叔父で山鹿流《やまがりゅう》兵学師範の吉田大助の養子となり、名を大次郎（通称寅次郎）と改めます。しかし、翌年には養父大助が病死し、吉田家八代目を継ぐことになりました。その松陰先生を後見したのは、大助の弟の玉木文之進でした。

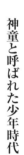

この玉木文之進という人物は、かなりきびしい人だったようです。それこそ、勉強中にウトウトしようものなら、「日本とか世間に役立つために学んでいるのに、眠いとはなにごとだ！」と殴られたとか……。

まだ四、五歳の子どもにそんなことを言うなんて、現代では到底考えられないことですが、そのきびしさは、いずれは

明倫館碑　右は、嘉永２年（1849）、13代慶親が新明倫館の開校を記念して建立。

明倫館遺構（南門）　萩藩校明倫館は、享保３年（1718）につくられた。

長州藩兵学の師範になってほしいという期待の大きさによるものだったのでしょう。

そして松陰先生は、その期待に見事にこたえていきます。天保一〇年には、長州藩の藩校明倫館《めいりんかん》の兵学師範に就任し、山鹿流兵学を教えていたそうです。満年齢でいえば、まだ九歳ですよ！　また、翌年には、藩主毛利《もうり》慶親《よしちか》（のちに敬親《たかちか》）への『武教全書』の御前講義を見事にこなしたといいますから、まさに驚くべき神童ぶりです。

そして天保一三年に玉木文之進が自宅に松下村塾を開くと、松陰先生はそこで指導者となるための教育を受けながら、実際に後進の指導にもあたるようになります。こうした体験が、松陰先生の人間形成に大きな影響を与えたのでしょう。

それに加え、一五歳年下の弟・敏三郎の存在も松陰先生に大きな影響を与えたのではないかと思います。敏三郎は生まれつき耳が不自由で、言葉がうまく発せられませんでしたが、松陰先生はそんな弟のことをずっと気にしていて、のちに九州遊学で熊本に立ち寄った際には、難病によいと評判だった寺を訪れ、弟の健康を熱心に祈ったそうです。

当時、障害のある人がどうやって生計を立てていけばいいのか、あるいはどういうふうに人生を送っていけばいいのか、明確な道標《みちしるべ》もない時代だったでしょう。それだけに、弟のことも心配だったのではないかと思うのです。

生家跡の近くには、松陰先生と家族のお墓もあります。この墓には松陰先生の遺髪が納められているといいます。松陰先生の死後一〇〇日目、萩では百日忌が営まれましたが、そのとき門下生が松陰先生の遺髪を持ち帰り、家族が建てたこのお墓に納めたそうです。

そこにいた人に聞いたところ、今でも有志が掃除をしたり、お花を供えたりしているという話でした。地元の人びとにとって松陰先生の存在は本当に大きなものなのです。

出島図　シーボルトとも交流があった川原慶賀が描いた幕末期の出島。ファン・ストルク地図博物館蔵

長崎・平戸への旅

松陰先生は、弘化四年（一八四七）に山鹿流兵学免許を受けると、翌嘉永元年には、正式に明倫館《めいりんかん》の教授となりました。一八歳でした。

その後、嘉永三年（一八五〇）には、西洋兵学を学ぶために九州遊学の旅に出ます。最初に行ったのは長崎でした。

松陰先生が、長崎の長州藩屋敷（現在の長崎市興善町《こうぜんまち》）に到着したのは九月五日のことでしたが、翌日には休む間もなく、西洋砲術家の高島浅五郎《たかしまあさごろう》（高島秋帆《しゅうはん》の長男）を訪ねます。

また九月七日には、平戸《ひらど》藩屋敷（現在の長崎市大黒町）を訪れます。松蔭先生は長崎に九月一一日まで滞在しますが、その間、郊外の唐人屋敷や出島《でじま》のオランダ屋敷を訪れたほか、オランダの軍艦にも乗船しています。

オランダ屋敷では、ナイフとフォークを使って食事をし、生まれてはじめてパンを食べ、ワインも飲んだようです。松

宴会図（『蘭館絵巻』） 川原慶賀が描いた阿蘭陀商館での宴会風景。長崎歴史文化博物館蔵

陰先生はあまりお酒を飲まなかったようですが、それでもワインに挑戦したというのですから、とにかく好奇心旺盛《おうせい》だったんだと思います。

その後、松陰先生は平戸《ひらど》に移り、問屋「紙屋」に滞在して、およそ五〇日間におよぶ滞在中に八〇冊以上の書物を読破し、そのほとんどを書き写したそうです。ちなみに、その跡地には「吉田松陰宿泊紙屋跡」の石碑が建てられています。

また、松陰先生は、山鹿流兵学宗家の山鹿《やまが》高紹《たかつぐ》について兵学も学んでいます。ボクは仕事で、その高紹の子孫のお宅にうかがったことがありますが、そのとき松陰先生がお土産に持ってきた萩焼の茶碗《ちゃわん》を見せてもらいました。

「無名の青年が勉強のためにやってきた。そのときお土産に持ってきた茶碗で、当時は日常的に使用していたが、やがてその青年があの吉田松陰だということがわかり、代々大切にしてきた」というお話でした。

平戸の紙屋跡　松陰が宿泊した紙屋跡に建つ石碑。

宮部鼎蔵　松陰と深い親交を結んだ鼎蔵。

松陰先生と宮部鼎蔵との出会い

松陰先生は、その後一一月八日にはふたたび長崎に移り、一二月一日まで滞在して西泊番所《にしどまり》（現在の長崎市西泊町）を見学したりしています。

この西泊番所は、福岡藩と佐賀藩が長崎港を警備するために設置した監視施設で、福岡藩と佐賀藩が一年交替で常時五〇〇名ずつの番兵を置いて警備にあたっていたそうです。

そして、長崎を出た松陰先生はその後、天草・雲仙《うんぜん》・島原を経て肥後（熊本）まで足を延ばして宮部《みやべ》鼎蔵《ていぞう》と出会います。

宮部は松陰先生より一〇歳年上で、山鹿流兵法をきわめた人物として知られ、熊本藩の兵学師範を務めていましたが、ふたりはすぐに意気投合して生涯の友となります。その宮部の屋敷跡には、「宮部鼎蔵旧居跡の石碑」が建てられています。

また、松陰先生が加藤清正の廟「本妙寺浄池廟《ほんみょうじじょうちびょう》」に詣って、末弟・敏三郎のために願文《がんもん》を奉ったのも、このときのことだ

宮部鼎蔵旧居跡　現在の熊本市中央区内坪井5‐23にある。

そうです。そうしてはじめての外遊を終えた松陰先生は、柳川・佐賀・久留米を経て、萩へ戻りました。

じつは、ボクは平成二七年（二〇一五）のＮＨＫ大河ドラマ『花燃ゆ』で、宮部鼎蔵役をやらせてもらいましたが、そのときには萩の「ふるさと大使」もやらせてもらっていましたから、「これはちゃんと演じなければ」と、前年の夏には台本を持って、まずお墓（熊本市小峰墓地）にお参りして、その後、屋敷跡に行って「あなたの役をやらせていただきます」と報告しました。

そのとき、いっしょに行っていた妻に松陰先生役をしてもらい、セリフのやりとりをしたのですが、妻が緊張してセリフを間違えて、「松蔭先生のセリフを間違えるとは何事か！」とケンカになったのがいい思い出になっています。

幕末探検隊 レポート②

処罰覚悟の東北旅行

長崎・熊本への外遊から戻った翌年の嘉永四年（一八五一）三月五日、松陰は藩主に従って萩を発《た》ち、江戸に到着すると、兵学者である山鹿素水《やまがそすい》や朱子学者の安積艮斎《あさかごんさい》、また西洋兵学者として知られていた佐久間象山《さくましょうざん》の私塾に入門して知識を蓄えていった。

ちょうどそのころ、熊本で出会って以来親交を深めていた宮部鼎蔵も、国老有吉頼母《ありよしたのも》に従って江戸に来ていた。そして松陰と宮部鼎蔵は、東北に海岸防備の実態を調査しに行くことを約束した。

なぜ、東北だったのか。それは、当時の日本はロシアに対してかなり強い警戒感を抱き、防衛体制を整えていたからである。松陰先生は、宮部鼎蔵とその実情を見に行こうとしたのだ。約束した江戸出発の日は、嘉永四年一二月一四日。その日は、元禄一五年（一七〇二）に、赤穂浪士が討ち入りを果たした日だった。

松陰は、事前に、長州藩に東北旅行の許可願いを提出していましたが、なかなか通行手形が届かなかった。通行手形がないまま江戸を出たことが発覚すれば、脱藩行為とみなされ、重い罪に問われることはわかっていた。

それでも松陰は、約束どおり、一二月一四日に、松野他三郎という変名で江戸を出発、水戸で宮部鼎蔵と盛岡藩士の江帾五郎《えばたごろう》（のちの那珂通高《なかみちたか》）と落ち合い、一四〇日をかけて、東北をほぼ一周した。

そして、江戸に戻った松陰は脱藩の罪に問われ、萩に帰ったところで謹慎を命じられた。それればかりか、藩士の身分を剥奪されてしまった。しかし、藩主毛利敬親《もうりたかちか》の特別のはからいにより、一〇年間の諸国遊学が許された。敬親は、それだけ松陰先生を評価していたのだろう。

なお、東北旅日記によると、東北旅行はつぎのようなルートをたどっている。江戸―水戸―白河―会津若松―新潟―佐渡―新潟―久保田（秋田）―大館―弘前―小泊―青森―八戸―盛岡―石巻―仙台―米沢―会津若松―今市―日光―足利―江戸

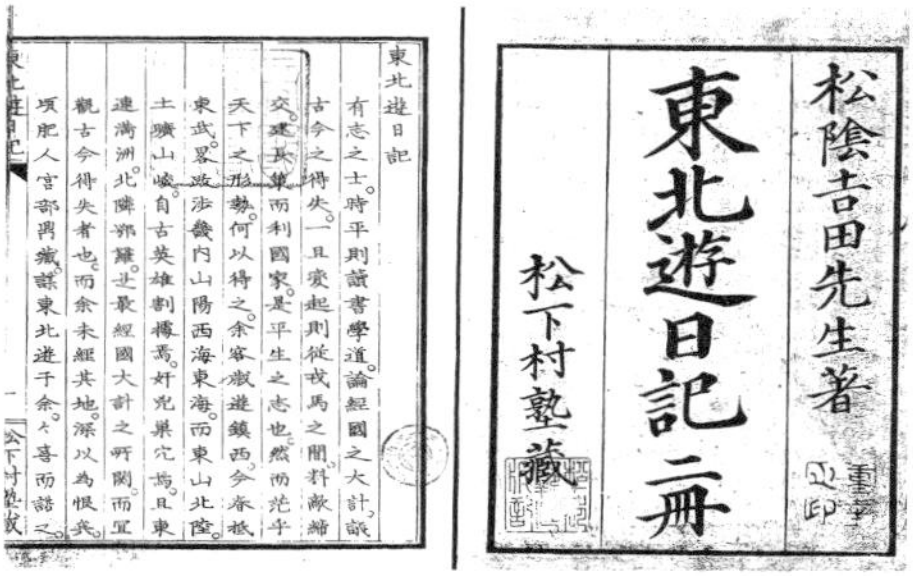

松陰吉田先生著
東北遊日記 二冊
松下村塾藏

東北遊日記
有志之士。時平則讀書學道。論經國之大計。識古今之得失。一旦變起則從戎馬之間。料敵締交。建其策而利國家。是平生之志也。然而茫乎天下之形勢。何以得之。余客歳遊鎮西。今春抵東武。略跋涉畿内山陽西海東海。而東山北陸土曠山嶮。自古英雄割據焉。奸宄巣穴焉。且東連滿洲北隣鄂羅。是最經國大計之所關。而宜觀古今得失者也。而余未經其地。深以為恨矣。頃肥人宮部鼎藏。謀東北遊于余。余喜而諾之。

東北遊日記　一　『松下村塾藏』

『東北遊日記』

黒船密航計画

厳罰覚悟の『将及私言』

さて、諸国遊学を許された松陰先生は、その後およそ半年をかけて、四国から大坂・伊賀・伊勢を経て江戸に入りますが、そこで、日本を揺るがす大事件が起きます。

嘉永六年（一八五三）六月三日、浦賀沖にマシュー・ペリーが率いるアメリカ海軍東インド艦隊の蒸気船四隻が姿を現したのです。

ペリーは、幕府にフィルモア大統領の親書を受け取るように迫ります。この緊急事態にあたった浦賀《うらが》奉行所はなんとか対応しようとします。

幕府では、老中阿部《あべ》正弘《まさひろ》らが国書を受け取ることを決め、

マシュー・ペリー　日本に開国を迫ったアメリカ東インド艦隊司令長官。

プチャーチン　皇帝ニコライ１世の命で長崎に来航。

ペリー上陸記念碑　神奈川県横須賀市のペリー公園に建つ。

六月九日、ペリー一行の久《く》里《り》浜《はま》上陸を許可したうえで、開国を求める大統領の親書を受け取り、一年後に返答することを通告しました。

この事件の直後、松陰先生は「将及私言《しょうきゅうしげん》」という上申書を藩主慶親《よしちか》に提出しています。それはまさに、アメリカの砲艦外交に対しての松陰先生の「交渉拒否、開戦」の主張でしたが、厳罰を覚悟のうえのことでした。

実際、松陰先生は、どんな厳罰でも受けるつもりだと、その覚悟のほどを記しています。

間に合わなかったロシア船への密航計画

「将及私言」を書いた松陰先生は、江戸の藩邸への出入りを禁止されてしまいますが、諸国遊学は許されていました。

そしてペリー来航からわずか一か月半後の七月一八日、ロシア海軍武官プチャーチンが長崎に来航したことを知るや、

プチャーチン来航を報じる瓦版

佐久間象山　松代藩士、兵学者・朱子学者・思想家。

松陰先生は、急遽、長崎に向かいます。

松陰先生は、「海外の事情を知らなければ、日本を守ることはできない」と考えたのでしょう。そのとき、佐《さ》久《く》間《ま》象山《しょうざん》から、「一見は百聞に超ゆ」と書いた送別の詩で後押しされています。象山も、若い人材を海外に派遣すべきだと考えていたのです。しかし残念なことに、松陰先生が長崎に到着したときには、ロシア艦隊はすでに長崎を出たあとでした。

ちなみに、ボクは、松陰先生がこの長崎行きの途中、浦島太郎の墓がある神奈川の「蓮法寺《れんぽうじ》」に立ち寄ったと聞いたことがあって、萩の歴史家の一坂太郎《いちさかたろう》さんにその話をしたら、「たしかに松陰先生の日記に浦島太郎のお墓をお参りしたと書かれているよ」と教えてくれました。

待ちに待ったペリーの再来航

ロシア船に乗れなかった松陰先生は、さぞがっかりしたと

ペリーらを描いた錦絵　右からアナン司令官、ペリー、ヘンリー・アダムス船長。

思います。でも、ペリーが再度日本に来ることはわかっていましたから、その船に密航するチャンスをうかがったのです。長崎から江戸に戻った松陰先生は、金子重輔《かねこしげのすけ》（重之輔）と出会います。重輔は、海外渡航を志し、松陰先生がロシアの軍艦に乗って外国に行こうとしていたことを知って、江戸に戻ってきた松陰先生に弟子入りするのです。

ふたたびペリーが浦賀に来航したのは、それから間もない翌嘉永七年一月のことでした。約束では一年の猶予があったはずですが、半年近く早い再来日でした。

そして交渉の結果、二月二六日の横浜での日米会談で、下田と箱館の二港の開港が合意され、三月三日には、全一二か条からなる「日米和親条約」（神奈川条約）がついに締結されました。

直後の三月五日、松陰先生は重輔と横浜へと向かい、やっとペリー艦隊を目にします。なんとか近くから艦隊を見たい

弁天島の遊歩道　島の周囲を巡る約200メートルの遊歩道。

と、松陰先生は地元の漁師に船を出してくれるように頼みますが、そんな危ないことなど引き受けてくれる人はいません。

そうこうしているうちに、ペリー艦隊は開港された下田へと向かいます。条約の細則について交渉を行うためです。松陰先生と重輔は、ならばとばかりに、陸路、ペリー艦隊を追って下田へと向かいました。

その二人が下田に着いたのは三月一八日のことでした。

密航決行

三月二五日の夜、松陰先生と重輔は意を決し、稲生沢川《いのうざわがわ》河口から小舟を漕《こ》ぎ出しました。しかし波が高く、小舟は波に押し戻され、柿崎《かきさき》の浜に着いてしまいます。その浜の先には、「弁天島」と呼ばれていた小さな島がありました。松陰先生と金子重輔はこの夜をその祠《ほこら》で明かします。

翌日は雨でした。二人は近くの山で潜《ひそ》んでチャンスをうか

松陰密航の図　松陰と重輔が小舟でアメリカ軍艦に向かうようすを描く。

がいます。そのとき、松陰先生は、〈日本国江戸府書生、瓜《か》中萬二《うちまんじ》・市木公太《いちきこうた》、呈書貴大臣各将官執事〉という書き出しではじまる漢文の書を準備していました。偽名で書いたその内容は、およそつぎのようなものでした。

日本国の江戸府の書生である瓜中萬二・市木公太は、この書を貴大臣各将官の執事に差し出します。自分たち2名は世界を見たいと願っています。どうぞ、船に乗せていただきたい。……

そして三月二七日、松陰先生は、上陸していたアメリカ士官に、準備していた渡米嘆願の手紙を渡すことに成功します。しかし翌二八日の夜になっても迎えのボートは来ませんでした。アメリカを代表してきたアメリカの軍艦が、どこのだれともしれない日本人を迎えに来るはずなどなかったのです。

ポーハタン号　松陰が乗り込み、密航しようとしたアメリカの軍艦。

再度の密航挑戦

それでも松陰先生は諦めません。「このままでは夜が明けてしまう。こちらから黒船に乗り込むほかはない」とばかりに浜にあった小舟に乗り込み、弁天島にもっとも近くに投《とう》錨《びょう》していた黒船（蒸気船）へと小舟を進めました。

その夜、海はひどく荒れていたそうです。なんとか波を乗り越えて、いちばん近くに停泊していた黒船にたどり着いたときには、午前二時ごろになっていました。

その黒船はミシシッピでした。ミシシッピの艦長は、必死に懇願する二人の乗船を許さず、「旗艦ポーハタンに行くように」と言います。

二人は仕方なく、ふたたび懸命に艪《ろ》を漕《こ》いでなんとかポーハタンの舷側《げんそく》に小舟を着けると、梯子《はしご》にとりつきます。

甲板《かんぱん》に上ってきた二人に応対した通訳官は、「残念ながら乗船させることはできない」というペリーの決定を伝えます。

吉田松陰拘禁之跡　二人は長命寺に拘禁され、奉行所の取り調べを受けた。現在は中央公民館。

しかし、もうすでに黒船の甲板に立ち、正式に密航を申し出た以上、それが幕府に伝わるのは確実です。戻れば、捕まって首を刎《は》ねられてしまうでしょう。

そのときペリーは、通訳官を通じて、「自分は日本政府の許可さえあれば乗船は拒まない。艦隊は当分下田に停泊しているから、そのあいだに幕府の許可を得る機会もあるだろう」と伝えたとされています。

日本と条約を結んだばかりのペリーにしてみれば、日本の法律を破った二人を船に留まらせるわけにもいかなかったのでしょう。それが表沙汰になれば、やっと結んだ条約が反故《ほご》になりかねません。

結局、松陰先生と重輔はポーハタンの短艇で送り返されてしまいます。そして、そのまま柿崎村の名主増田《ますだ》平右衛門《へいえもん》宅に行って自首しました。もう覚悟は決まっていたのでしょう。

投獄、そして斬首

覚悟の自首

二人は下田奉行所の取り調べを受け、拘禁されます。取り調べに際して松陰先生は、「国家のために、異国の情勢を探知することが必要であり、そのための企てであった」と堂々と主張したといいます。

この下田での取り調べの最中には、ペリーから下田奉行所に対して、「寛大な処置を望む」という申し入れがあったそうです。

処刑場跡　大安楽寺（東京都中央区小伝馬町）の壁沿いにある。

しかし許されるはずもありません。四月一一日、松陰先生と重輔は江戸に送られ、伝馬町《てんまちょう》の牢屋敷に投獄されます。

その後、松陰先生は国元蟄居《ちっきょ》となり、同年一〇月二四日に

伝馬町牢屋敷の模型　「伝馬町牢屋敷」は現在の中央区日本橋小伝馬町３～５番を占めていた。

萩の野山獄《のやまごく》へと送られました。いっぽう、重輔は萩の岩倉獄へ入れられましたが、そこで体調を崩して獄死してしまいます。その死を知って松陰先生はたいそう嘆き悲しんだと伝えられています。

獄中での勉強会

松陰先生は野山獄に移されると、すぐに囚人たちを相手に『孟子《もうし》』の講義をはじめています。松陰先生は、囚人たちに学ばせることで、早く出獄させようとしたのです。

また、ただ教えるのではなく、「人それぞれ得意なことがあるのだから、それを教え合おう」と勉強会も開いたそうです。俳諧《はいかい》の得意な人がいれば「じゃあ、それを教えてくれ」、字のうまい人がいたら「自分の先生になってくれ」と、自分自身も生徒になって、彼らから学んだといいます。

そのあたりに、松陰先生の、多くの人を惹《ひ》きつける人間的

野山獄跡　松陰が投獄された野山獄跡には石碑が建てられている。萩市今古萩町 35-6。

な人柄が表れていると思いませんか。

この獄中での勉強会は、安政二年四月から、一二月までつづいたそうです。また、野山獄を出て実家（杉百合之助宅）に蟄居《ちつきょ》することになってからも、近所の人や親戚を集めて、翌安政三年の五月までつづきました。

この講義のあいだに書きとめた注解・所感・意見・評論などが松陰先生の主著とされる『講孟余話《こうもうよわ》』としてまとめられています。

ちなみに松陰先生が蟄居していた実家は、今も松陰神社内に残っており、「吉田松陰幽囚《ゆうしゅう》の旧宅」と紹介されています。

松陰先生はその部屋で『孟子』の講義をはじめます。父百合之助と兄梅太郎、それに叔父（養子先の養母の弟）の久保五郎左衛門の三人が参加しました。そして安政四年、松陰先生は正式に松下村塾の名を引き継ぎます。

しかし、翌年、のちに「安政の大獄」と呼ばれる出来事が

井伊直弼画像　安政の大獄を命じた。

はじまりました。時の大老・井伊直弼《いいなおすけ》が、尊攘派《そんじょうは》にはげしい弾圧を加えはじめたのです。

この安政の大獄は翌年までつづきましたが、徳川斉昭《なりあき》や一《ひと》つ橋《ばし》慶喜《よしのぶ》・松平春嶽《まつだいらしゅんがく》などの大名や、朝廷関係者、尊王攘夷派の志士など一〇〇人以上が罪に問われることとなりました。そして松陰先生も、それに巻き込まれていったのです。

獄中から発した過激な策

「安政の大獄」で日本中が混乱するなか、松陰先生は松下村塾の塾生に向け、「間部要撃策《まなべようげきさく》」を提言します。

これは井伊直弼の腹心で安政の大獄を推し進めている老中間部詮勝《まなべあきかつ》が上洛する機会をとらえ、条約破棄と攘夷の実行を迫ろうという過激な計画でした。松陰先生は、その計画を実行するために、長州藩政府の前田孫右衛門《まごえもん》と周布政之助《すふまさのすけ》に、武器弾薬などの借用を願い出ます。

毛利慶親　禁門の変で朝敵とされ、敬親と改めた。

大原重徳　新政府の役職を務めた。

しかし、藩政府が「はい、そうですか」と提供してくれるはずもありません。提供しようものなら、まさに長州藩が幕府に対して弓を引くようなものですからね。

そこで周布政之助は、松陰先生に「厳囚」（自宅監禁）を命じ、松下村塾の閉鎖も命じます。

そんななか、一二月二六日、松陰先生はふたたび野山獄に投獄されてしまいます。

しかし、今度は、獄中から弟子たちに「伏見《ふしみ》要駕《ようが》策《さく》」を提案します。これも、じつに過激なものでした。参勤交代途中の長州藩主毛利《もうり》慶親《よしちか》を伏見で待ち受け、孝明天皇側近の公卿大原重徳《おおはらしげとみ》と協力していっしょに京に入り、無理にでも攘夷の勅命を得ようというのですから……。

さすがに、この伏見要駕策に対しては、久坂玄瑞・高杉晋作・桂小五郎ら主要な弟子は反対し、自重するよう勧めます。

そのとき松陰先生は、弟子たちに深く失望したと伝えられ

松陰神社「至誠館」『留魂録』も展示されている。

梅田雲浜　儒学者。攘夷運動の先鋒。

ていますが、めげることなく、安政六年四月七日、「草莽崛《そうもうくつ》起論《きろん》」を唱えます。

死を覚悟した松陰先生

しかし、松陰先生に幕府の手が伸びてきます。安政六年（一八五九）四月一九日、長州江戸藩邸に幕府から、「吉田松陰を江戸に送れ」との命令が届きます。梅田《うめだ》雲浜《うんぴん》と萩で会っていたこと、また雲浜の門下生であった大高又次郎《おおたかまたじろう》と平島武《ひらしまたけ》次郎《じろう》との交流があったというのが理由でした。

その知らせが長州に届いたのは五月一四日のことでしたが、五月二五日には松陰先生を乗せた唐丸籠《とおまるかご》が江戸に向けて出発、六月二五日に長州江戸藩邸に到着、松陰先生は七月九日に、幕府評定所《ひょうじょうしょ》で取り調べを受けることとなりました。

そこで松陰先生は、日本の将来について自分の考えを展開するなかで、聞かれてもいない「間部《まなべ》要撃策《ようげきさく》」と「伏見《ふしみ》要駕《ようが》

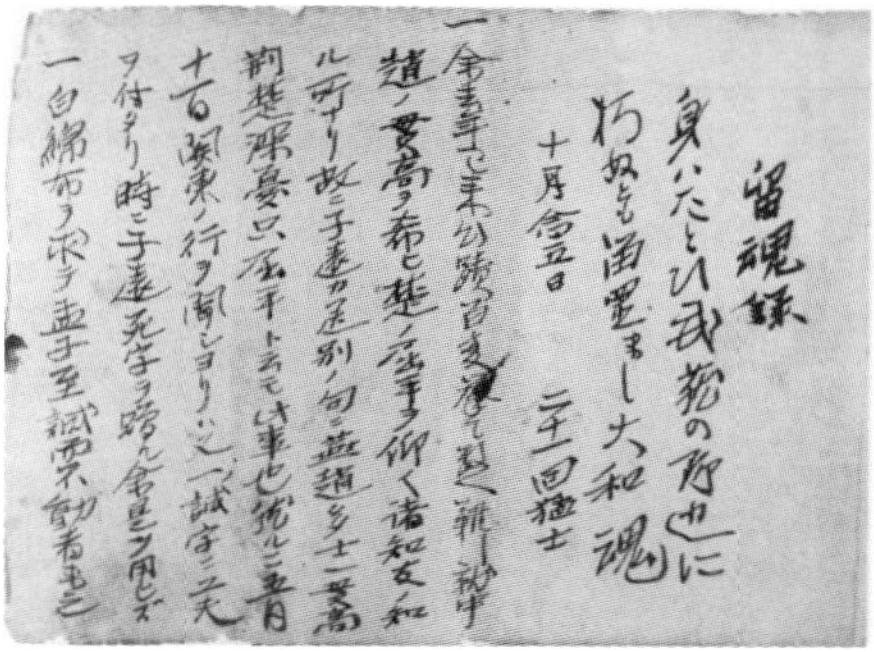

留魂録　「身はたとひ武蔵の野辺に朽《くち》ぬとも留置《とどめおか》まし大和魂」という書き出しで始まる。

策《さく》」についてもしゃべってしまうのです。

取り調べにあたっていた奉行たちは、驚きます。間部要撃策はまさに幕府の重鎮の命を狙う大罪だったからです。松陰先生は、その日のうちに伝馬町《てんまちょう》牢座敷に投獄されてしまいました。そのとき松陰先生は死を覚悟したといいます。

こうして松陰先生の斬首《ざんしゅ》は決定的となりました。最期のときが近いことを知った松陰先生は、処刑の前々日から、松下村塾の門弟たちに向けた遺書「留魂録《りゅうこんろく》」を執筆、一〇月二六日に書き上げました。

松陰先生の最期

安政六年（一八五九）一〇月二七日の朝、幕府評定所で松陰先生に死罪が言い渡され、伝馬町牢屋敷で刑が執行されました。三〇歳でした。

松陰先生の遺体は小塚原《こづかっぱら》の回向院《えこういん》に運ばれ、そこで弟子た

吉田松陰終焉の地碑　小伝馬町５－２に建つ。

ちに引き渡されました。遺体は、裸で樽《たる》に放り込まれていたそうです。弟子たちは松陰先生の亡骸《なきがら》を清め、自分たちの着物を着せ、用意していた甕《かめ》に移し入れて埋葬したのです。四年後、高杉晋作・伊藤博文らによって、松陰先生の墓は、現在、松陰神社のある世田谷区若林に移されました。

松陰先生、唯一の恋人？

一生結婚せず、日本の国の在り方を考えつづけた松陰先生ですが、ひょっとしたら松陰先生がその生涯で唯一愛したかもしれない女性が存在していたことを知っていますか？

松陰先生が、その女性と知り合ったのは、嘉永七年（一八五四）一〇月二四日に野山獄に入れられたときのことです。そこにただひとり、高須《たかす》久子《ひさこ》という女性がいました。

彼女は、松陰先生よりひと回りほど年上ですが、ずいぶんきれいな人だったようです。また、三味線や歌・浄瑠璃《じょうるり》が得

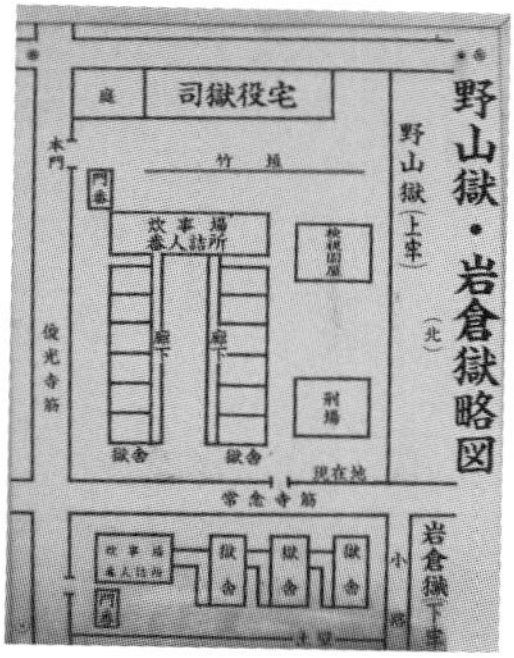

野山獄略図　高須久子は罪人として囚われていたわけではなかった。長州藩士の娘だった彼女は三味線を趣味としていたが、夫の死亡後、たびたび三味線弾きを呼んだため、彼女のことを厄介者扱いした親族の訴え（借牢願い）により収監されていたとされている。

意で、短歌・俳句の知識も豊富だったと伝えられています。きっと自立心が旺盛《おうせい》で、知的な女性だったのでしょう。

松陰先生は、野山獄を出る前夜の送別句会で、彼女から、「鴫《しぎ》立ってあと淋《さび》しさの夜明けかな」という句を贈られています。松陰の号「子義《しぎ》」と、鳥の鴫を掛けた句でした。

またその後、松陰先生が「安政の大獄」で罪を問われ、ふたたび野山獄に入れられたときに久子と再会し、およそ五か月に渡って同じ獄中で過ごすことになりましたが、松陰先生が江戸の伝馬町獄舎に送られることが決まったとき、久子は松陰に、みずから獄中で縫った汗拭《あせふ》き（手拭《てぬぐ》い）を贈ります。

それに対して松陰先生は、「箱根山越すとき汗の出でやせん君を思ひてふき清めてん」と詠《よ》みます。

その後、松陰先生は、萩出発の前日、一晩だけ実家に帰ることが許され、父・母や兄弟たちと過ごします。

そして、萩を出発した当日、松陰先生は、萩城下から山口

涙松跡　ここを過ぎると萩の町が見えなくなってしまう。萩の城下を見られ最後の地だった。

へと向かう途中、萩城下が見える最後の場所で、

帰らじと思いさだめし旅なれば一入《ひとしお》濡るる涙松かな

と詠んで振り返ったとされています。

その場所は、今はもう木々が生い茂り、萩の街はちらりとしか見ることはできませんが、「涙松跡」と呼ばれ、「涙松の遺址」と彫られた石碑が建てられています。

その後、ボクは箱根神社に行ったとき、本当に偶然だったのですが、そこにも松陰先生が久子に贈った句、「箱根山越すとき汗の出でやせん君を思ひてふき清めてん」が刻まれた歌碑があるのを見つけました。

それを見ながら確信しました。高須久子という女性は松陰先生が恋愛感情を抱いた唯一の人だったのだ……と。

思わず弟子も腰が引けた松陰先生のきびしさ

桂太郎の墓　若林公園内に建つ桂太郎の墓。

それにしても、松陰先生が幕末という時代に与えた影響はとても大きなものだったと思います。松陰先生が松下村塾で直接教えた弟子は九二名だったそうですが、そのなかから伊藤博文・山縣有朋《やまがたありとも》が総理大臣となっています。

直接の弟子ではありませんでしたが、明治三四年（一九〇一）に総理大臣となった桂太郎は、「自分が死んだら松陰先生のそばに埋めてくれ」というほど松陰先生を尊敬し、慕っていたといいます。

その桂太郎の墓は、遺言どおり松陰神社に隣接している若林公園内につくられています。

ボクは、京都の近江屋で坂本龍馬とともに襲撃された中岡慎太郎の生まれ故郷に行ったとき、「自分は吉田松陰の死後の弟子である」と語っていたということを知り、藩なんて超えた影響力を改めて知ることとなりました。

でも、松陰先生は決して完璧な人間ではなかったような気もします。反面教師的な部分もあったんじゃないでしょうか。

たとえば野山獄に入れられたとき、松陰先生は獄中から「伏見要駕策」を発し、弟子たちに、「日本のために行動しろ。動け、動け。実践しなければ意味がない」と喝《かつ》を入れます。しかし、この過激な策にはさすがに弟子たちのほうが、「先生、そこはひとつ自重して……」と引いてしまいました。

それはそうでしょう。うまくいかなければ、家族や親族にも累《るい》が及びます。いくら尊敬する松陰先生から、「今すぐ実践しろ」と言われても、「先生、もう勘弁してくださいよ。もうついていけません」となるのが当たり前……。

もし松陰先生がボクの師匠だったとしても、相当こわいと思いますし、あのきびしさにはとてもついていけないでしょう。

幕末探検隊 レポート③

二通あった「留魂録」

松陰は、最期の時を迎えるにあたり、「留魂録《りゅうこんろく》」を二通、準備していたという。一通は、松陰の死後、弟子たちの手に渡り、読み回しているうちにぼろぼろになり、行方不明になってしまった。だが、もう一通は、萩の松陰神社の宝物殿「至誠館」に現物が残っている。それがなぜ今に伝わっているのか……。

じつは、松陰は一通を、伝馬町牢屋敷の牢名主沼崎吉五郎に託していたというのだ。吉五郎は、松陰処刑の翌年、三宅島に遠島となったが、そのとき、彼は預かった一通を隠して持ち出していた。

一七年の歳月が流れた明治九年（一八七六）、神奈川県権令《ごんれい》（地方長官）の野村靖《のむらやすし》のもとに初老の男が訪ねてきた。その野村に初老の男は、懐から取り出した一通の書き物を手渡し、松陰が亡くなる前日に手渡されたものであること、もし出獄する日がきたら、長州人に渡してほしいと頼まれたことを告げた。

その男こそ、明治七年に赦免《しゃめん》されて東京に戻っていた沼崎吉五郎であった。

世田谷の松陰神社　明治 15 年創建。現在の社殿は昭和 2 年から 3 年にかけて造営されたもの。

世田谷の松陰神社

最期にご紹介するのは、東京都の世田谷にある松陰神社です。ここもぜひ訪ねてほしい場所のひとつです。東急世田谷線の松陰神社駅前から徒歩三分ほどのところにありますが、ボクは以前、駒沢に住んでいたので、よく行っていました。

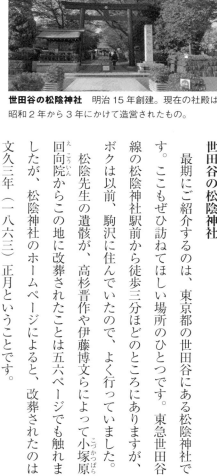

松陰先生の遺骸が、高杉晋作や伊藤博文らによって小塚原《こづかっぱら》回《え》向院《こういん》からこの地に改葬されたことは五六ページでも触れましたが、松陰神社のホームページによると、改葬されたのは文久三年（一八六三）正月ということです。

そもそも、そのあたりには長州藩の第一三代藩主毛利《もうり》慶親《よしちか》の別邸があって大夫《だいぶ》山《やま》と呼ばれていたそうですが、松陰先生を楓《かえで》（紅葉《もみじ》）の木の下に改葬すると同時に、やはり安政の大獄で処刑された頼三樹《らいみき》三郎《さぶろう》、遠島刑ののちに獄中死した小林良典《よしすけ》も回向院から改葬。その後、尊攘・討幕運動に奔走するなかで命を落とした来原良蔵《くるはらりょうぞう》や福原乙之《ふくはらおとの》進《しん》も改葬されたとあ

創建当時の松陰神社（大正頃の撮影）

ります。

しかし、元治元年（一八六四）の「禁門の変」後にはじまった幕府による長州戦争の際、その墓は破壊されてしまいます。それが、新たな改葬者なども加えて修復・再整備されたのは明治元年（一八六八）のこと。その中心となったのは、かつて松陰先生に山鹿流兵法を学び、維新の中心的な役割をになうようになっていた木戸孝允《たかよし》でした。

その後、明治一五年には、明治新政府の要職を務めるようになっていた伊藤博文ら松陰先生門下の人びとによって、松陰先生の墓の側に社が建てられました。それが世田谷の松陰神社のはじまりです。

明治四一年には、松陰五〇年祭が行われます。そのとき、現在の社殿が建てられ、伊藤・山縣《やまがた》などのほか、桂太郎・乃《の》木希典《ぎまれすけ》・井上馨《かおる》・青木周蔵らから多くの石灯籠が奉献されたそうで、今も三二基の石灯籠がずらりと並んでいます。

松陰神社御社殿

　ちなみに、松陰先生のお墓のそばには、うっすらと葵《あおい》の御紋が残る石灯籠と水盤もあります。徳川家が謝罪の意を込めて奉納したものだそうですが、時代の流れとはいえ、徳川家としては、松陰先生を処刑してしまったことに忸怩《じくじ》たる思いがあったのかもしれません。

　今の社殿は昭和二年（一九二七）から翌年にかけて造営されたものですが、境内には萩の松下村塾を原寸大で再現した建物もあり、明治維新の息吹きを感じることができる空間となっています。

　余談ながら、井伊《いい》直弼《なおすけ》の墓は、井伊家の菩《ぼ》提寺《だいじ》だった豪徳《ごうとく》寺《じ》にありますが、松陰神社の西、歩いてわずか一四～一五分ほどのところにあります。はげしく対立していた二人が、そんな近くで眠っているなんて、不思議な気もします。

ビビる大木の
幕末ひとり旅

第二章 新選組編

ボクが新選組に惹かれるワケ

激動の幕末期、命を懸けて新しい時代を切り開こうとした尊王攘夷運動の志士たちがいた一方で、その動きを阻止するために組織されたのが新選組でした。

江戸幕府によって、新選組の前身となる浪士隊がつくられたのは、文久三年（一八六三）正月のことでしたが、のちに局長となる近藤勇も、副長となる土方歳三も、満二七〜二六歳の若さでした。

ともに農家に生まれた二人は、剣を磨くことで武士になることを目指していました。そんな彼らに大きなチャンスが訪れたのです。そして彼らは幕臣になることを目指し、命じられるままに反幕勢力を殺害、ときには身内を粛正しながら幕末という時代を駆け抜けます。

でもボクはそこにははげしい葛藤があったのではないかと思うのです。ともすれば、冷酷非道な武装集団と見られがちな新選組ですが、彼らもまた、さまざまな夢と苦悩を抱えた若者たちだったのではないかと……。

近藤勇（右） 京都守護職松平容保の下で新選組を組織し、京都の治安維持を担当。のちに局長となる。

土方歳三（左） 近藤勇の右腕として組織を支え、戊辰戦争を戦い箱館五稜郭の防衛戦で戦死。

新選組の活躍の場　京都ガイド

新選組が活躍し、その名をとどろかせた舞台は、なんといっても幕末の京都ですが、街には新選組ゆかりの地がいくつも残されており、今なお、多くの観光客が訪れています。

壬生寺

八木邸の近くにある律宗大本山の寺院。境内の壬生塚には新選組隊士の墓のほか、近藤勇の銅像（右）や遺髪塔もある。

御香宮神社《ごこうのみや》

戊辰戦争において官軍の拠点となった。ここから旧幕府軍陣地・伏見奉行所を砲撃、土方歳三率いる新選組も撃って出たが大敗、撤退を余儀なくされた。

八木邸

京都市中京区壬生にある郷士八木家の邸宅。新選組の屯所として使われたことで知られている。現在も、歴史的建築物として一般に公開されている。

西本願寺太鼓楼

ここも新選組の屯所として使われた。ただし、西本願寺側としては迷惑な話だった。

【新選組年表】

和暦	西暦	できごと
天保5	1834	近藤勇、武蔵国多摩郡上石原村（東京都調布市野水）で宮川久次郎の三男として誕生。
天保6	1835	土方歳三、武蔵国多摩郡石田村（東京都日野市石田）で土方義諄の一〇人兄弟の末っ子として誕生。
嘉永6	1853	●ペリー、浦賀に来航。
安政7／万延元	1860	●桜田門外の変。
文久3	1863	新選組の前身「浪士隊」が結成され、京都へ。 ●八・一八の政変で、会津藩・薩摩藩を中心とする公武合体派が長州藩を中心とする尊王攘夷派を京都から追放。「新選組」と名乗る。 芹沢鴨一派を暗殺。近藤勇体制となる。
文久4／元治元	1864	徳川家茂上洛。新選組が警護。 新選組、池田屋に潜伏していた長州藩・土佐藩などの尊王攘夷派志士を襲撃（池田屋事件）。 禁門の変。長州藩士の鎮圧に出動。
元治2／慶応元	1865	山南敬助脱走。捕らえられ、沖田総司の介錯で切腹。

新選組人物年表

人物	生	没
近藤勇	1834.10.09	
土方歳三	1835	
芹沢鴨	1832	1863
沖田総司	1842	
山南敬助	1833	1865.02.23
永倉新八	1839.04.11	
藤堂平助	1844	
伊東甲子太郎	1834.12.03	
斎藤一	1844.01.01	
清河八郎	1830.10.10	1863.04.13
松平容保	1835.12.29	
一橋慶喜	1837.09.29	

元号	西暦	出来事
		新選組屯所を壬生から西本願寺に移す。
慶応2	1866	●徳川家茂逝去 ●一橋慶喜、将軍就任。二〇日後に孝明天皇崩御。
慶応3	1867	伊東甲子太郎ら新選組を離脱、御陵衛士を結成。 新選組、幕臣となり屯所を不動堂村へ移転 ●大政奉還 油小路の変。近藤暗殺計画を企てていたとして御陵衛士らを暗殺。同月、坂本龍馬と中岡慎太郎が殺害される（近江屋事件）。
慶応4／明治元	1868	●鳥羽伏見の戦い（戊辰戦争のはじまり）。 明治天皇による五か条の御誓文。新選組は「甲陽鎮撫隊」として勝沼で戦うが敗走。 近藤勇、流山で拘束、板橋の刑場で斬首される。同月、江戸城無血開城。 奥羽越列藩同盟成立。 沖田総司病死。
明治2	1869	土方歳三戦死。戊辰戦争終結。

1868.04.25

1869.05.11

1868.05.30

1915.01.05

1867.11.18

1867.11.18

1915.09.28

1893.12.05

1913.11.22

新選組の舞台、京都へ

新選組の壬生屯所

ボクが新選組のことを勉強しようと思って、最初に足を運んだのは京都の壬生《みぶ》でした。なんといっても、そこが新選組誕生の地とされているからです。

その壬生で新選組が駐屯していたのが、郷士八木源之丞《やぎげんのじょう》の屋敷です。阪急京都線の大宮駅から歩いて一〇分ほどの八木家は、現在では「京都鶴屋　鶴寿庵」という和菓子屋を営んでいますが、当時、新選組が生活していた建物が、「新選組壬生屯所《とんしょ》旧跡」として現存しています。

また、八木家の並びには壬生寺《みぶでら》というお寺もあって、新選組はそこで大砲の稽古とかやっていたらしいんです。

京都鶴屋　左奥に新選組壬生屯所当時の建物が建っている。

『ああ新選組』歌碑　壬生寺境内にある。作詞：横井弘、作曲：中野忠晴、歌唱：三橋美智也。

お寺で大砲をぶっ放すなんて、なんとも迷惑な話ですが、お寺の人も怖くて何も言えなかったんじゃないでしょうか。でも、そのいっぽうで、近くの子どもたちを集めて相撲大会をやったりもしていた……。地域とコミュニケーションをとりながら、そこで暮らしていたんですね。

壬生寺の境内には、「ああ新選組」の歌碑が建てられています。これは昭和三〇年に三橋美智也さんが歌って大ヒット、一〇〇万枚以上売り上げた曲だそうです。

混乱のなかで誕生した新選組

松陰先生が刑死したあと、大老井伊直弼《いいなおすけ》が桜田門外で殺害されたり、老中安藤信正《あんどうのぶまさ》が襲撃されて負傷するなどの事件が相つぎました。安藤は公武合体派で、孝明《こうめい》天皇の妹和宮《かずのみや》を第一四代将軍徳川家茂《とくがわいえもち》に降嫁《こうか》させることで幕府の権威を守ろうとしたことが、尊王攘夷派の反感を買って襲撃されたのです。

京都略図
薩摩藩邸跡
京都御所
薩長盟約締結地跡
蛤御門
鴨川
堀川通
烏丸通
丸太町通
河原町通
二条城
二条
長州藩邸跡
御池通
池田屋跡
三条通
お龍の実家跡
土佐藩邸跡
近江屋跡
旧八木邸
光縁寺
四条通
高台寺
御陵衛士屯所跡
京都霊山護国神社
霊山歴史館
霊明神社
壬生寺
旧前川邸
五条通
丹波口
清水寺
角屋
西本願寺
油小路の変跡
七条通
不動堂村
京都
0
500m

徳川家茂　第14代将軍。文久2年(1862)、和宮親子内親王と結婚。

歌川（五雲亭）貞秀『慶応頃錦絵帖東都高輪風景』徳川家茂の上洛を描いたとされる。国立国会図書館デジタルコレクション。

その後、攘夷派の公家たちを中心に、「将軍を京都に呼びつけ、外国勢力を武力で日本から追い払うべく、攘夷を実行させよう」という話が持ち上がり、将軍家茂は京都に行くこととなりました。

将軍の上洛は幕府にとって一大事業でした。当時、京都では、討幕の声も公然と聞かれるようになっていたのですから、身辺警護をきびしくする必要があったのです。

そのとき、「それなら浪士を募集して、警護させればいいじゃないか」と提言した者がいました。庄内《しょうない》藩出身の郷士清河八郎《きよかわはちろう》です。

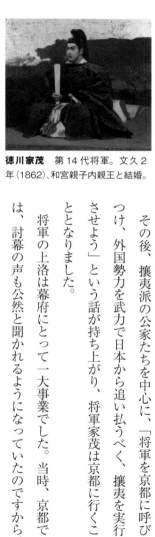

その案が採用され、募集が開始されると、たちまち多くの浪士が集まってきました。なにしろ、採用されれば、一時金として一〇両と一日あたり米一升が支給されることになっていたというのですから。

文久三年（一八六三）二月八日、集まった二三〇名ほどの

清河八郎　庄内藩出身。
倒幕・尊王攘夷の志士。

浪士が、「浪士組」として江戸を出て京都に向かいます。そのなかに、近藤勇《こんどういさみ》や芹沢鴨《せりざわかも》らの姿もありました。

一行が壬生村に着いたのは二月二三日でしたが、隊ごとに壬生村会所や寺・郷士宅などに分宿することになりました。そのとき近藤たち一〇名が割り当てられた宿舎が八木家で、彼らがのちの新選組の中核となっていったのです。

清河は、「京都に到着したら浪士組を天皇配下の兵力にしたうえで攘夷《じょうい》を実行しよう」と考えていました。当然、その先には幕府を倒そうという野望がありました。

清河は、その計画を実現しようと、京都に到着するや否《いな》や、浪士組の主要メンバーを集めて、「すぐにでも江戸に戻って攘夷を実行すべし」と提言します。それに対して、近藤勇や芹沢鴨らは、「京都に残るべきだ」と反対します。「せっかく幕府お墨付きの仕事を手にしたのに、そんなことができるか」ということだったのかもしれません。

松平容保　京都守護職時代の写真。陸奥国会津藩九代藩主。

一橋慶喜　元治元年、禁裏御守衛総督となったころ。

浪士組から新選組へ

清河らが率いる浪士組は、文久三年三月一三日、京都を出て江戸へ向かいました。それに対し、近藤・芹沢のほか、土方歳三《ひじかたとしぞう》・沖田総司《おきたそうじ》・山南敬助《やまなみけいすけ》・永倉新八《ながくらしんぱち》らが京に残り、京都守護職を務めていた会津藩主松平容保《まつだいらかたもり》の預かりとなって、「壬生《みぶ》浪士組」を名乗ることとなります。初期メンバーは二四名だったとか……。

ところで、徳川家茂《いえもち》が老中の水野忠精《みずのただきよ》と板倉勝静《かつきよ》、将軍後見職の一橋慶喜《ひとつばしよしのぶ》ら総勢三〇〇〇人ほどを引き連れ、江戸を出て京都に向かったのは、同年二月一三日のことでした。

家茂一行が京都に着いたのは、三月四日のことでした。その後、孝明天皇に拝謁するなどしていましたが、その間にも慶喜のもとには朝廷の勅使が訪れ、「いつ攘夷を宣言するのか」と詰め寄ります。

それに対して、幕府側はなかなか答えを出さず、先延ばし

建礼門　近藤勇ら浪士組隊士たちが警護していた京都御所南面の正門。

にしていましたが、四月二〇日、慶喜は将軍名で「攘夷の期日を文久三年五月一〇日とする」と宣言すると、家茂を京都に残したまま、さっさと江戸に帰ってしまいます。家茂が江戸に戻るために船に乗ったのは、六月一三日のことでした。

将軍家茂が京都に来たとき、まだ壬生浪士組と名乗っていた近藤らは幕府一行の身辺警護にあたっていましたが、三条実美ら尊攘派の公家と長州藩を朝廷から排除したクーデター「八月一八日の政変」のときには、御所南門の警護を割り当てられていました。

そうした活躍が認められたのでしょう。その日のうちに、容保から「新選組」という隊名を与えられ、市中見廻りの任務に就くことになったのです。

芹沢鴨の殺害

文久三年（一八六三）九月、新選組の重鎮のひとりだった

三条実美　尊攘派公家の代表的存在。

芹沢鴨《せりざわかも》が殺害されるという事件が起きます。

芹沢は常陸《ひたち》国行方《なめかた》郡芹沢村（現在の茨城県行方市芹沢）出身の浪人で、当初、壬生浪士組の筆頭局長を務めていました。そのとき、近藤が局長、新見錦《にいみにしき》・土方歳三・山南敬助《やまなみけいすけ》が副長でしたから、かなり影響力を持っていたのでしょう。

しかしたいへんな酒乱で、すれ違った力士に因縁をつけて乱闘騒ぎを起こしたり、お気に入りの芸妓《げいぎ》が振り向かなかったからと腹を立てて店に乗り込んで大暴れしたり、新選組を維持するための金策を断られた商家を襲撃したりするなど、数々の問題を起こしたりしていたのです。

そんななか、九月一六日、新選組は島原の料亭「角屋《すみや》」で芸妓総揚げの宴会を開きますが、その宴会の途中で宿舎の八木家に戻った芹沢は、馴染みの芸妓たちと酒を飲み直したあと、泥酔して寝入ってしまいます。そこに数人の男が押し入り、芹沢鴨を惨殺してしまったのです。

角屋跡　芹沢鴨暗殺の現場となった。現在は、「角屋もてなしの文化美術館」となっている。

この芹沢暗殺は長州藩士によるものとされていたそうです。しかしじつは、実行犯は、指令を受けた土方・沖田・井上・山南の計四人だったとされます。

芹沢鴨が殺害された部屋の入り口には、今もそのときの刀傷が残っています。

菊地明さんの『新選組　粛清の組織論』（文春新書）によると、新選組が鳥羽・伏見の戦いがはじまる前までに殺した「敵」が二六人だったのに対して「内部粛清した隊士」は四〇人にものぼるそうです。

脱走でもしようものなら、連れ戻されてみんなの前で首を斬られる……。もともと浪士を集めてつくった組織だっただけに、それぐらいきびしくしなければ統制が取れなかったのかなと思います。ちなみに、芹沢鴨のお墓は壬生寺に残されています。

「池田屋騒動之址」の石碑　池田屋跡に建てられている。

世間を震撼させた「池田屋騒動」

　新選組を一挙に有名にしたのは、元治元年（一八六四）六月五日に起きた「池田屋騒動」です。新選組が三条小橋（現在の京都三条木屋町）にあった宿屋「池田屋」を襲撃して、長州や土佐などの尊王攘夷派志士を殺害した事件です。

　そのころ、尊王攘夷派の志士たちは、ある計画を考え出します。それは、「御所に火を放って京都を混乱させ、その混乱に乗じて中川宮を幽閉し、松平容保と一橋慶喜を暗殺し、孝明天皇を長州藩に連れ去る」という過激なものでした。

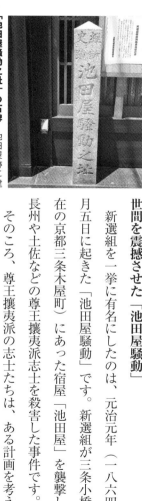

　そして緊張が高まるなか、池田屋で計画の打ち合わせをしていた宮部《みやべ》鼎蔵《ていぞう》ら尊王攘夷派を新選組の近藤隊がついに発見。近藤・沖田・永倉新八・藤堂平助らが池田屋に突入し、はげしい戦闘となりました。

　突然の襲撃を受けた尊王攘夷派は、反撃しつつ必死で脱出を図ります。この戦闘中に、沖田は病のために戦線離脱、ま

「池田屋騒動」の跡地　今は「旅籠茶屋池田屋　はなの舞」という居酒屋になっている。

た、藤堂は額を斬られて戦線を離脱します。しかし、そこに土方隊が到着し、九名を討ち取り、四名を捕縛したのです。

その後も新選組は会津藩・彦根藩・桑名藩などと掃討戦をつづけ、吉田《よしだ》稔麿《としまろ》（長州藩）、望月《もちづき》亀弥太《かめやた》（土佐藩）が自刃したほか、多くの人たちが捕えられ、刑死したり獄死したりしましたが、その後、新選組が壬生村の屯所に帰還したときには、沿道に野次馬があふれていたといいます。

今では、この池田屋騒動の跡地にビルが建ち、「旅籠茶屋池田屋　はなの舞」という居酒屋さんが入っています。平成一五年（二〇〇三）にボクがはじめて訪ねて行ったときには、パチンコ屋さんで、店員の人たちが新撰組のハッピを着て働いていました。

時代の流れを感じてしまいます。

幕末探検隊 レポート④

西本願寺に嫌われた新選組

池田屋騒動や禁門の変で活躍した新選組は、元治二年（一八六五）三月一〇日、屯所を西本願寺《にしほんがんじ》に移転し、幕府方警察組織としての役割はますます高まることになる。

しかし、新選組は西本願寺にとってはとんだ厄介者だったようだ。新選組は、寺が広いことをいいことに、僧侶や信徒たちの迷惑も顧みず、武芸の稽古や砲撃訓練などを繰り返していたようだし、境内では、タブーとされていた肉食を平気でやっていたとか……。

そこで西本願寺は、「新選組のために新たな屯所を建設する費用を負担するから出て行ってくれ」と頼み、西本願寺からほど近い不動堂村（現在の京都市下京区松明町）に屯所を新築、やっとのことで新選組を追い出すことに成功する。

新しい不動堂村の屯所の広さは一万平方メートルもあり、大風呂は三〇人が一度に入れたというから、そこらの大名屋敷とくらべても遜色《そんしょく》ないものだったようだ。現在、リーガロイヤルホテル京都に石碑が建てられている。

新選組、血の抗争

坂本龍馬の死と新選組

慶応三年（一八六七）一〇月一四日に大政奉還が行われ、時代は大きく変わりますが、その直後の一一月一五日、坂本龍馬《さかもとりょうま》が何者かに殺害されるという事件が起きます。「近江屋事件」です。

この日、坂本龍馬・中岡慎太郎《なかおかしんたろう》らは、京都河原町の「近江屋」（井口新助邸）に滞在していました。

龍馬が、それまでの定宿、寺田屋から近江屋に宿を移していたのは、前年の一月二三日に、寺田屋で幕府伏見奉行の捕り方三〇人ほどに囲まれ、暗殺されそうになるという事件が起きていたからです。

中岡慎太郎 土佐出身の志士。近江屋事件で坂本龍馬とともに殺害された。

近江屋跡　今でも、事件があった11月15日には、河原町商店街振興組合主催で慰霊祭が行われる。

　そのとき、風呂に入っていたお龍《りょう》がいち早く気付き、裸のまま階段を駆け上がり、二階にいた龍馬らに危機を知らせたため、ぎりぎりのところで脱出して急死に一生を得たというエピソードは有名ですよね。

　一一月一五日夜、十津川郷士を名乗る男が龍馬を訪ねてきます（松代藩士を名乗ったという説もあります）。その直後、四名の男が乱入、二階に駆け上がると、ひとりが龍馬に斬りつけ、もうひとりが中岡に斬りつけたとされています。

　そのとき龍馬は、床の間にあった刀を取ろうと振り返ったところを右の肩先から左の背中にかけて斬られてしまいます。それでも龍馬は刀をとって立ち上がろうとします。しかし、刀を抜くことができません。

　龍馬は、そのまま相手の刀を受け止めようとしましたが、相手の刀は龍馬の前頭部に達し、龍馬はそのまま転倒してしまいます。

今井信郎　佐幕派として活動。のち教育者。

中岡も刀を抜くこともできず鞘のままで防戦しますが、後頭部を深く斬りつけられ、両手両足も斬られてしまいます。そして龍馬は、「脳をやられたからもうだめだ」と言い、息を引き取ります。中岡は一七日まで生きましたが、結局、亡くなりました。

この事件は、中岡が息を引き取る前に、「新選組による犯行だろう」と口にしたことなどもあって、「坂本龍馬殺害は新選組によるものだ」ということにされました。

のちに、大正元年（一九一二）になって、見廻組隊士だった今井信郎が、佐々木只三郎の指示で龍馬殺害を実行したと供述したことで、今では「佐々木只三郎主導説」が有力視されるようになっています。

しかし、当時はだれもが新選組犯人説を信じ、新選組の評判は地に墜ちることとなりました。

伊東甲子太郎　近江屋事件から３日後、新選組隊士数名に暗殺された。

斎藤一　警察官となり、西南戦争では西郷軍と戦った。

最後の内部抗争「油小路事件」

その三日後、新選組の元参謀だった伊東甲子太郎《いとうかしたろう》が、近藤勇が開いた酒宴からの帰りに新選組隊士に襲われて殺害され、さらに、路上に放置された遺骸を引き取りにきた彼の仲間七名を、新選組隊士四〇～五〇名が取り囲み、うち三名を殺害してしまったという事件が起こります（油小路事件）。

伊東甲子太郎は、常陸《ひたち》国の出身で、新選組八番隊組長だった藤堂平助《とうどうへいすけ》の仲介で、参謀という待遇で新選組に迎えられた人物です。

藤堂は、甲子太郎が江戸で開いていた北辰一刀流《ほくしんいっとうりゅう》の道場に通っており、甲子太郎の学識と人柄を高く評価して新選組に誘ったとされています。実際、新選組のなかでも彼を慕う隊員が増えていきました。

しかし甲子太郎は、慶応三年三月二〇日に、「思想の違い」を理由に新選組を離脱し、藤堂など志を同じにする者を引き

『毛理嶋山官軍大勝利之図』 慶応４年（1868）１月３日、薩摩軍の砲撃とともに鳥羽・伏見の戦いがはじまったが、新選組も淀まで退却することとなった。

抜いて、孝明天皇の陵を守るための組織「御陵衛士」（「高台寺党」とも呼ばれる）を結成してしまいます。

この甲子太郎の離反を快く思っていなかった近藤は、御陵衛士にスパイを送り込みます。新選組三番隊組長だった斎藤《さいとう》一《はじめ》です。その斎藤一から近藤勇に、「御陵衛士が近藤さんの暗殺を計画しています」という連絡が入ります。

新選組が甲子太郎を襲ったのは、その連絡があったからだともされていますが、いずれにしよ、両者の確執が原因で新選組最後の内部抗争が起きることとなったのです。

その後、慶応三年一二月九日、明治天皇による「王政復古の大号令」が発せられ、その直後の慶応四年一月三日には「鳥羽・伏見の戦い」がはじまります。新選組は、伏見奉行所を本陣として新政府軍と戦いましたが、多くの死傷者を出して退却を余儀なくされ、一月一〇日には、幕府の軍艦「富士山丸」で江戸に帰っていくことになったのです。

大善寺　別名「ぶどう寺」。境内でオリジナルのワインが飲める。甲州市勝沼町。

近藤勇の死

江戸に帰った新選組は、上野の寛永寺《かんえいじ》に謹慎していた徳川慶喜の警護にあたっていましたが、幕府の命令で「甲陽鎮撫《こうようちんぶ》隊《たい》」と改名して、三月一日に甲府へと向かいます。この甲陽鎮撫隊への出陣命令は、江戸城無血開城を実現しようとしていた勝海舟《かつかいしゅう》が、あくまで徹底抗戦を主張していた新選組を江戸から遠ざけるための策略だったともされています。

このとき、幕府軍「菜葉《なっぱ》隊」（緑の羽織を着ていたため、この名がつけられた）が援軍として来ることになっていましたが、彼らは近藤の要請に応じませんでした。

余談ながら、僕は以前、フジテレビ系で放送されていた番組『笑う犬の冒険』で「はっぱ隊」と名づけたグループでコントをやっていましたが、大河ドラマ『新選組！』の脚本を書いた三谷幸喜さんが、シャレで僕を菜葉隊員の小松の役で出演させてくれました。

近藤勇陣屋跡　近藤勇が最後に陣営を敷いた地である。当時は長岡屋という酒造家だった。流山市。

勝海舟　1860年にサンフランシスコで撮影。

さて、甲陽鎮撫隊は、三月六日、甲州の大善寺《だいぜんじ》付近（現在の甲州市勝沼町）で板垣退助《いたがきたいすけ》率いる新政府軍「迅衝隊《じんしょうたい》」と戦って敗れ、敗走を余儀なくされます。そして四月三日、近藤は下総《しもうさ》国流山《ながれやま》（千葉県流山市）で身柄を拘束されます。

そのとき、近藤は偽名を使っていましたが、そのとき、新政府軍には元御陵衛士の加納鷲雄《かのうわしお》らが加わっていました。結局、近藤は正体を見破られ、捕縛されてしまいます。このとき、土方は勝海舟に近藤の助命を直談判《じかだんぱん》しますが、もはや打つ手はありませんでした。

四月二五日、近藤は中仙道板橋宿近くの板橋刑場（現在の東京都板橋区板橋および北区滝野川付近）で斬首《ざんしゅ》され、その首は京都の三条河原に晒《さら》されました。

三条河原に晒された近藤の首は、その後、行方不明になってしまい、その行方はいまだに謎となっています。

旧前川邸　旧前川邸の屋敷内部は、現在、非公開となっているが立ち寄る新選組ファンは多い。

もうひとつの新選組屯所「旧前川邸」

じつは、現在まで残っている新選組の屯所跡が、前述した八木家の近くにもうひとつ存在しています。「旧前川邸」です。今は持ち主が変わったため〝旧〟とついていますが、文久三年（一八六三）から二年間、八木邸と平行して新選組の屯所として利用された建物です。

この前川邸は、かなり広い家だったそうですが、ここも多くのエピソードに彩られた場所です。

たとえば、前述した芹川鴨《せりざわかも》暗殺のときには、土方らは前川邸に身を潜《ひそ》めて、芹沢鴨が寝つくのを待っていたといいます。また、元治元年（一八六四）の池田屋事件の発端となる古高《ふるたか》俊太郎《しゅんたろう》への拷問が行われた現場も前川邸の土蔵の中でしたし、山南敬助《やまなみけいすけ》が切腹したのも旧前川邸の一室でした。

その部屋は今、仏間になっているそうですが、いったいなぜ、新選組の総長という立場の人物が切腹しなければならな

古高俊太郎之碑　梅田雲浜の弟子で、中川宮を幽閉し、松平容保と一橋慶喜を暗殺したうえで孝明天皇を長州藩に連れ去るという計画を立てていたが、新選組に捕らえられ、激しい拷問を加えられた。霊山護国神社。

かったのでしょうか。

話は新選組誕生前までさかのぼります。山南は北辰一刀流の使い手で、近藤が江戸で開いていた天然理心流《てんねんりしんりゅう》の道場「試《し》衛館《えいかん》」で近藤に敗れたのをきっかけに、近藤を慕うようになったと伝えられています。また、京都警護の名目で浪士組が募集されることになったとき、近藤に「応募すべきだ」と勧めたのも彼だったといわれています。

そういう意味では、間違いなく新選組誕生のきっかけをつくった重要人物でした。

その山南は、芹沢鴨暗殺事件の翌月には総長となります。しかし、新選組が京都で活躍して幕府に重宝されるようになるにつれ、山南は近藤や土方らとしだいに意見が合わなくなっていったのです。

山南はもともと、尊王攘夷をめざして新選組に参加していました。それに対して、近藤や土方は、幕府の言うなりに動

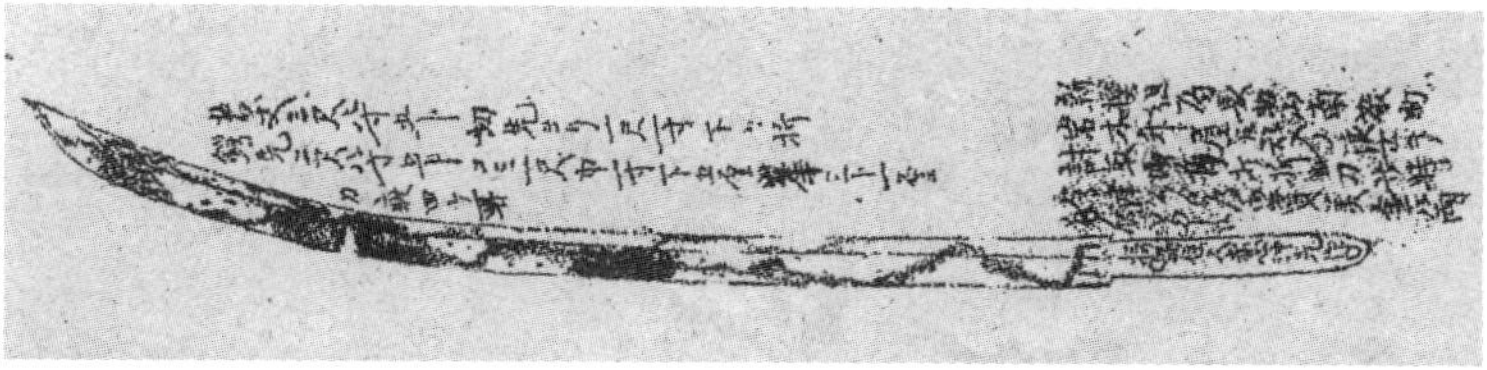

山南敬助の愛刀「赤心沖光」の押型 山南が徳川家茂を警護していたときに使用した刀の形を紙に写し取ったもの。切っ先は折れ、はげしく刃こぼれしているのがわかる。

皇の志士たちを殺害していくようになります。山南はそれを許せなかったのかもしれません。

そんななか、山南は、屯所の西本願寺移転に反対、「西本願寺を監視するなどということは武士のやることではない」として、元治二年二月二三日、「江戸に帰る」という書き置きを残して行方をくらましてしまいます。

それを隊規に反する脱走行為とみなした近藤は、沖田《おきた》総司《そうじ》に追跡を命じますが、沖田と山南は試衛館時代から知り合いで、沖田は山南を兄のように慕っていました。

いったい近藤は何を考えていたのでしょうか。「もし捕《と》らえても、逃がしてやれよ」ということだったのか、それとも「仲のいい沖田なら山南もあきらめておとなしく捕《つか》まるだろう」と考えてのことだったのか、ちょっと意見の分かれるところでしょう。

山南はその日のうちに大津で沖田に追いつかれて捕縛され

山南敬助の墓　寺の瓦の紋が山南家と同じだったことから、当時の住職と親交があったという。

ます。しかし、逃亡を図ったにしてはその足取りはとてもゆっくりしたもので、まるで沖田が追いつくのを待っていたかのようだったと言われていますし、剣についてはかなりの使い手であったにもかかわらず、無抵抗で捕まったとされています。

山南敬助の切腹

前川邸に連れ戻された山南に切腹が命じられました。そのとき、やはり浪士隊時代からの盟友だった永倉新八らは、山南にふたたび脱走するよう勧めます。しかし山南はそれを聞き入れず、切腹します。介錯《かいしゃく》は山南の望みで沖田が務めました。

切腹前、山南は恋仲だった島原の料亭「角屋」の遊女明里《あけさと》と格子窓越しに別れを惜しんだと伝えられています。永倉新八の配慮でした。今ではその格子窓は取り払われ、杉板張り

光縁寺　門前近くには新選組の馬小屋があった。山南敬助ら、屯所で切腹した隊士が埋葬されている。

の壁となっているそうです。

それにしても新選組は人気があります。とくに山南敬助は、大河ドラマで堺雅人さんが演じたこともあって、物腰の柔らかい天才というイメージで、女子のあいだでは人気が高いようです。彼のお墓がある光縁寺《こうえんじ》にお参りに行く人が多いと聞きました。

しかし残念なことに、ボクは、まだ旧前川邸に行ったことはありません。いつかは行ってみたいと楽しみにしています。

沖田・近藤・土方、それぞれの生き方

謎に包まれた沖田総司

新選組の一番隊組長で撃剣師範だった沖田総司《おきたそうじ》も「薄幸の美男子」というイメージで人気がありますね。ただし、いろいろ調べてみると、「色黒だった」とか、「猫背だった」などという記述は出てくるものの、「ハンサムだった」という記述はひとつも出てきません。写真も残っていないので、ほんとうに美男子だったのかは、はなはだ疑問です。

沖田みつ　沖田総司の姉。病に倒れた総司の看病にあたった。

沖田は、天保一三年（一八四二）の夏、江戸の白河藩屋敷（現在の東京都港区西麻布）で生まれたとされています。ただし、天保一五年生まれという説もあります。

その沖田の父勝次郎が弘化二年（一八四五）に死ぬと、翌

試衛館跡　山南敬助が近藤勇と知り合ったとされる「試衛館」の跡。東京都新宿区市谷柳町25番地。

年、長姉のみつが井上林太郎（のちの新選組隊士沖田林太郎）と結婚します。そのとき総司はまだ幼かったため、林太郎が婿入りして沖田家の家督を継いでいます。その後、総司は日野の母の実家で暮らし、近所に住んでいた井上源三郎（のちの新撰組六番隊組長）と多摩川で魚を釣ってきては囲《い》炉《ろ》裏《り》で焼いて食べていたそうです。

そして九歳のころには、近藤周助（近藤勇の養父）が江戸牛込《うしごめ》に開いていた天然理心流の道場「試衛館《しえいかん》」の内弟子となると、たちまち腕を上げ、早くから塾頭を務めます。

試衛館には多くの剣豪がいましたが、そのひとり永倉新八が、後年、「土方歳三、井上源三郎、藤堂平助、山南敬助などが竹刀《しない》を持っては子供扱いされた。おそらく沖田が本気で立ち合ったら、師匠の近藤もやられるだろうと皆が言っていた」と語っていたそうですから、すさまじいまでの腕前だったのでしょう。

沖田総司逝去の地　沖田がかくまわれた植木屋平五郎宅跡近くにある。東京都新宿区内藤町1。

沖田総司終焉の地　沖田の面倒をみていた松本良順が間借りしていた今戸神社に建立。

その沖田は、浪士組の結成以来、新選組の中心となって芹沢鴨暗殺・池田屋事件・油小路事件などにかかわりましたが、慶応三年（一八六七）以降、病気（結核といわれる）のために第一線に出てくることがなくなります。

そして鳥羽・伏見の戦いのあとには江戸へ戻り、幕府の医師松本良順《まつもとりょうじゅん》によって、千駄ケ谷の植木屋の家に匿《かくま》われていましたが、同年五月三〇日に亡くなります。沖田の没年齢については、生年月日がはっきりしていないことから、二四歳とも、二五歳あるいは二七歳だったともいわれています。

彼は、死ぬまで近藤が死んだことを知らされず、「近藤先生は元気ですかね」「近藤先生から手紙は来ていませんか」と言っていたそうです。

植木屋があった東京都新宿区の大京町交番の近くに「伝沖田総司逝去の地」の案内板が建てられています。また、松本良順が間借りしており、沖田も療養したという台東区の今

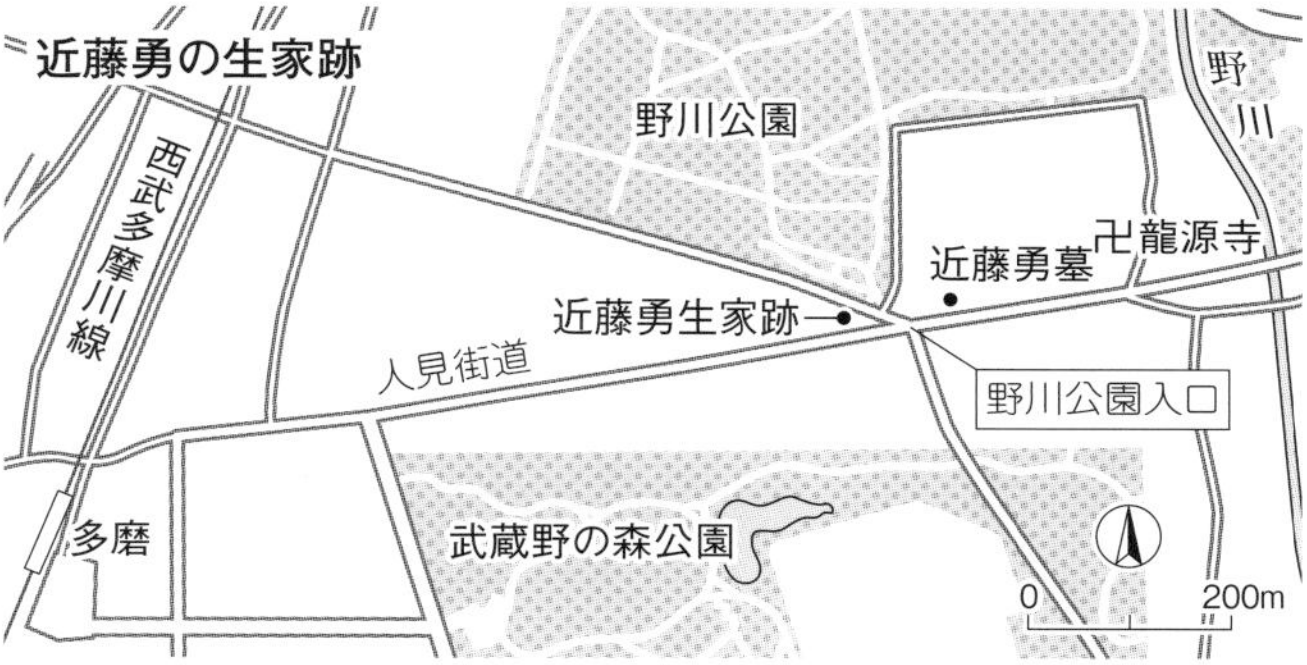

戸神社には、「沖田総司終焉之地」という碑が立っており、女の子たちに人気のパワースポットになっています。

また、彼の墓は東京都港区の専称寺《せんしょうじ》にありますが、じつは、山南敬助の墓がある京都の光縁寺には、「沖田氏縁者」と彫られた墓石が残っています。その沖田氏縁者とは、だれなのでしょうか、くわしいことは何もわかっていません。

近藤勇のリーダーシップ

それにしても、新選組があれほどの活躍をした背景には、近藤勇《こんどういさみ》の「武士になりたい」という強烈な思いがあったからだと思います。近藤勇は、天保五年（一八三四）一〇月九日、武蔵国多摩郡上石原村（現在の東京都調布市）で、農業を営んでいた宮川久次郎の三男（幼名勝五郎）として誕生しています。そこは徳川家の天領でしたから、武士になりたいという気持ちが人一倍強かったのではないでしょうか。

近藤勇生家跡　甲州街道上石原宿の北方約2.4kmにあり、広さは約7000㎡の富農だった。

その勝五郎は、嘉永元年（一八四八）一一月に試衛館《しえいかん》に入門すると、めきめき腕を上げ、翌年の一〇月には道場主の近藤周助の実家である嶋崎家へ養子に入り、近藤勇を名乗るようになります。

近藤は、「勇敢で心優しく愛嬌《あいきょう》があるいっぽうで、強い信念と志を持っていた」とされていますが、そのリーダーシップはものすごいものだったと思います。まさにそのリーダーシップがあったからこそ、浪人の集まりにすぎなかった新選組を組織だった戦闘集団に育て上げ、引っ張っていけたのでしょう。

しかし、強い志は強烈な出世欲にもつながります。近藤は、自分の口の中にみずからの拳《こぶし》をまるまる入れることができたそうですが、戦国武将の加藤清正《かとうきよまさ》もそれができたということで、「俺も清正公と同じように立身出世したいものだ」とつねづね語っていたそうです。その立身出世への欲があったか

とうかんの森　ここから北東に土方歳三の生家があった。東京都日野市石田1-23-3。

らこそ近藤は、武士の生まれの連中よりも武士らしく生きたいと思い、実際に人にも自分にもきびしい生き方をしたのではないかと思います。

モテモテだった土方歳三

土方歳三《ひじかたとしぞう》は酒にも女にもめちゃくちゃ積極的でしたし、実際、女性からはモテモテだったようです。また、もらったラブレターを故郷の石田村に送ったりしています。それを見た地元の人たちは、「なんだ、あいつ！」と呆《あき》れつつも、笑ったことでしょう。冷酷非道なイメージの強い土方ですが、そんなユーモアもあわせ持っていたんですね。だからこそ、多くの人が歳三を新選組のナンバー2と認め、惹《ひ》きつけられたのではないでしょうか。

さて、歳三は天保六年（一八三五）五月五日、武蔵国多摩郡石田村（現在の東京都日野市石田）で、一〇人兄弟の末っ

佐藤彦五郎　日野宿の組合名主、歳三の姉と結婚。

子として生まれました。しかし、父は歳三の生まれる三か月前に結核で死亡、母も歳三が六歳のときに結核で亡くなったため、家督を継いだ次兄の妻によって養育されます。

そして一四歳から二四歳の一〇年間、江戸上野の「松坂屋いとう呉服店」（現在の松坂屋上野店）で奉公するなどしたあと、実家秘伝の「石田散薬」を行商しながら、各地の道場で試合を重ね、修行を積むようになったといいますが、姉が、日野宿名主の佐藤彦五郎に嫁いでいたこともあり、彼が開いた天然理心流の道場で、指導にきていた近藤と出会います。

歳三が天然理心流に正式入門したのは、安政六年（一八五九）のこととされています。そして、それから四年後の文久三年（一八六三）、歳三は試衛館の仲間とともに、江戸幕府第一四代将軍徳川家茂《とくがわいえもち》を警護のために募集された浪士組に応募し、京都へ赴くことになったのです。

箱館戦争と永倉新八

土方歳三の死

それから五年後、鳥羽・伏見の戦いを皮切りに、戊辰戦争がはじまりますが、新政府軍の攻勢を前に、新選組は苦戦を強いられ、メンバーは次第にバラバラになっていき、ついには近藤勇も命を落とします。

そんななか、土方歳三は北海道を目指す榎本武揚が率いる旧幕府軍に加わります。そして五稜郭をめぐって、新政府軍と旧幕府軍による最終戦争（箱館戦争）に身を投じます。

明治二年（一八六九）四月、新政府軍は、山田《やまだ》顕義《あきよし》率いる一五〇〇名が乙部《おとべ》に上陸、同時に軍艦が江差を制圧します。

さらに黒田《くろだ》清隆《きよたか》率いる部隊が江差へ上陸し、箱館へ向けて

榎本武揚　戊辰戦争で旧幕府軍を率いて蝦夷地を占領。

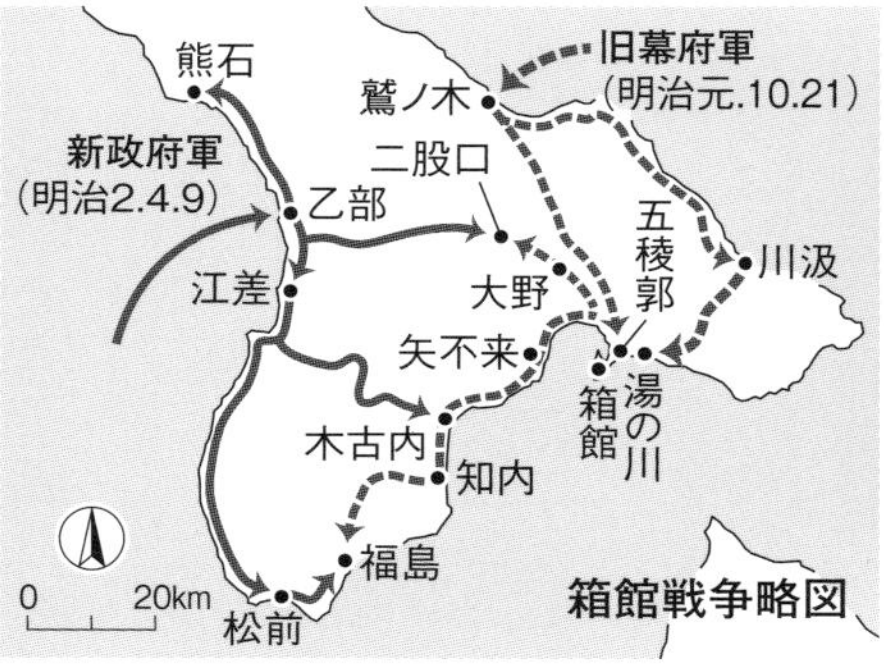

二股口古戦場跡　箱館戦争における激戦地のひとつ。ビビる大木撮影。

進軍を開始しました。

このとき、土方は二股口で新政府軍と戦っています。戦闘は四月一三日午後三時ごろからはじまりました。およそ三〇〇名の土方軍は勇敢に戦い、新政府軍の進撃をなんとか食い止めますが、新政府軍は増援部隊を続々と補給します。

土方は、背後を断たれる可能性が高まり、五月一日、五稜郭への撤退を余儀なくされてしまいました。

ちなみに、この「二股口の戦い」のときに、土方が砲台を築いていた台場山には、「二股口古戦場入口」の標柱と説明板が立っています。

そして五月一一日、新政府権の総攻撃がはじまります。そのとき、土方は、新政府軍に包囲され、孤立してしまった弁天台場に、わずかな兵を率いて向かいます。そのとき土方は死を覚悟していたことでしょう。

土方は、新政府軍の猛攻を前に敗走しようとする旧幕府軍の

土方歳三最期の地碑　函館市若松町の若松緑地公園にある。土方は腹部に銃弾を受け死亡した。

兵士に対して、「我この柵《さく》にありて、退く者を斬らん」と宣告します。「逃亡しようとする者は俺が斬るぞ。死ぬまで戦え」というわけです。

敵に向かって行っても死ぬし、退こうとすれば土方隊長に殺される。もう、どうしようもない。怖いですよね、戦争というものは……。

結局、土方はその乱戦の最中に腹部に銃弾を受けて亡くなります。旧幕府軍の首脳陣のなかで、戦闘中に命を落としたのは、土方ただひとりでした。享年三五……。

まさに近藤勇と同じ享年でした。土方の遺体は今も行方が知れませんが、土方が銃弾に倒れたという一本木関門《いっぽんぎかんもん》跡に近い若松緑地公園には、土方最期の地碑が建てられています。

ところで、「箱館戦争」をより知りたいなら、函館の「五稜郭タワー」を訪ねるといいでしょう。

館内には、幕末の五稜郭周辺とか、函館の歴史をフィギュ

開陽丸記念館にて　江差沖で座礁沈没したの幕末最後の軍艦「開陽丸」の記念館。館内には、再現された開陽丸と海底から引き上げられた遺物が展示されている。

アで見せてくれるコーナーがあって、箱館開港後には、外国人がおもしろがって、木魚《もくぎょ》やお地蔵さんを買っていたとか、「外国人がいて危ないから夜は外に出るな」とか、「葬式は男だけで行け」なんてことも言われていたというエピソードを知ることができます。

また明治四年ころには、五稜郭のお堀の氷が人気になって、横浜の商人が関東まで運んで売っていたとか。箱館戦争のことを伝え聞いた関東の人たちが五稜郭の氷を高く買ったというのも、なんだか庶民の変なところですが、いずれにしても商人のたくましさ、庶民のたくましさを感じる話ですね。

近藤と土方の墓を建てた永倉新八

東京の板橋には、近藤勇と土方歳三の墓と新選組の慰霊碑があります。これは、明治九年（一八七六）になって、戊辰《ぼしん》戦争に関係した東軍の戦死者の墓碑の建立や供養が解禁され

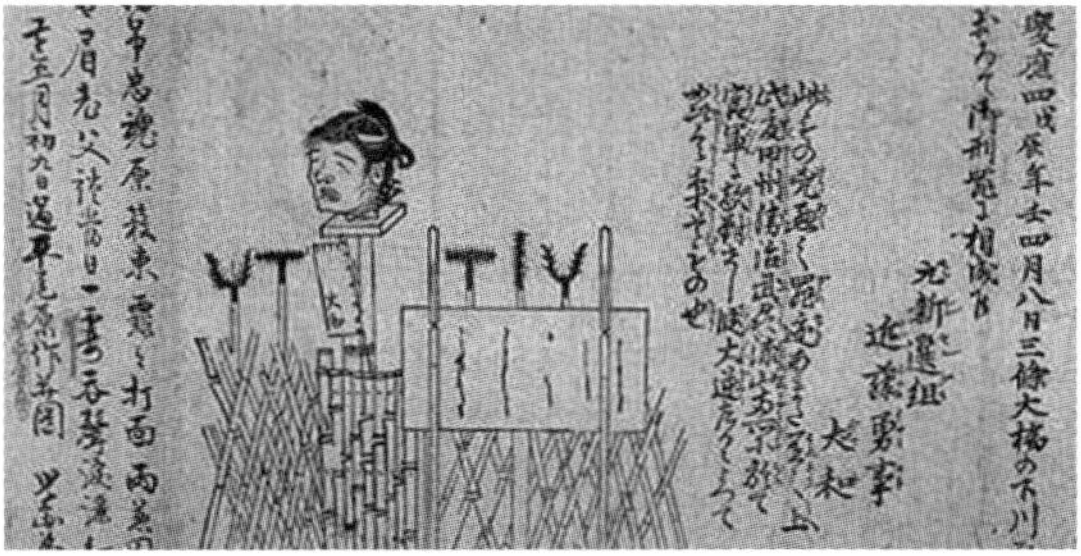

近藤勇の処刑の伝える瓦版（慶応４年閏４月８日付）
永倉もこの瓦版を見たかもしれない。

るのを待って、永倉新八《ながくらしんぱち》が、近藤と親交のあった医師の松本良順と建てたものです。

永倉は、弘化三年（一八四六）、八歳のとき、江戸屈指の道場といわれていた神道無念流《しんとうむねんりゅう》剣術道場「撃剣館」（現在の東京都千代田区神田小川町三丁目）に入門、一〇年後には本目録を与えられます。

そして江戸本所亀沢町（現在の墨田区両国四丁目、亀沢一丁目、石原一丁目あたり）の百合元昇三《ゆりもとしようぞう》の道場で学んだあと、親友の市川宇八郎と剣術修行の旅に出たとされています。市川宇八郎は、のちに永倉らと結成した「靖兵隊《せいへいたい》」の隊長となって幕府軍とともに北関東・東北を転戦することになる人物ですが、その当時は、永倉といっしょに道場破りのようなことをやって、名を揚げようと思っていたのでしょう。

その後、江戸に戻った永倉は、心形刀流《しんぎょうとうりゅう》の坪内主馬《つぼうちしゅめ》に見込まれて道場師範代を務めます。

甲州勝沼の戦いを描いた錦絵『勝沼駅近藤勇驍勇之図』 板垣軍と近藤軍の戦い。近藤軍からは脱走兵が相次ぎ、戦いは１～２時間で決した。

そのとき、坪内の門下生で、のちに守衛新選組隊《しゆえいしんせんぐみ》となる島田魁《しまだかい》と知り合っています。また、近藤の道場「試衛館」に顔を出すようになります。そしてその後、永倉は近藤と行動を共にしていったのです。

しかし、その永倉が近藤と別の道を歩く日がやってきます。慶応四年（一八六八）、「甲州勝沼の戦い」で板垣退助が率いる新政府軍に敗れて江戸へ戻った永倉は、近藤と袂《たもと》を分かつかのように、十番隊組長だった原田左之助と「靖兵隊」を結成して、北関東で新政府軍との戦いに向かいます。「俺はもう、俺の道を行く」というわけです。

新選組結成以来、永倉は、近藤を尊敬できる同士と見ていたとされています。実際、近藤が無茶を言ったり、目に余る言動を取ったときに、意見するのは永倉の役目でした。

しかし、新選組の終わりが近づくにつれ、近藤は永倉に対し、まるで家来に接するような言動を繰り返すようになって

近藤勇・土方歳三の墓　ＪＲ板橋駅近く（東京都北区滝野川7-8-10）に建てられている。

いました。

永倉は、そんな近藤に愛想を尽かしたのかもしれません。

米沢藩に滞留していた明治元年（一八六八）九月二二日、会津藩が新政府軍に降伏したことを知ると江戸へ帰還。その後、明治四年には、松前藩医の娘と結婚して婿養子となり、明治六年には杉村治備《すぎむらはるのぶ》（のちに義衛）と改名します。

そういう意味では、新選組時代とは別の人生を歩きはじめていたわけですが、新選組に対する強い気持ちは残っていたのだと思います。

また、新選組が一方的に残虐なテロ集団のように思われていることも、許せなかったのかもしれません。だからこそ、〝生き残った者の使命〟として、近藤と土方の墓と慰霊碑を建立したのでしょう。

墓の裏には「発起人　旧新選組　長倉新八改　杉村義衛」と刻まれています。

樺戸集治監　囚人たちは田畑の開墾にあたった。

また永倉は、大正二年（一九一三）、口述による回顧録「新撰組　永倉新八」を『小樽新聞』に連載しました。これによって、「新選組は悪の人斬り集団、悪の使者」という従来の固定観念が崩れ、新選組再評価の契機となったのです。

晩年の永倉新八

永倉新八《ながくらしんぱち》は、明治四年に松前藩医の娘と結婚して婿養子となり、明治八年には松前（現在の北海道松前郡松前町）に移り住んでいます。

その後、明治一五年から四年間、樺戸《かばと》集治監（今でいう刑務所。現在の北海道樺戸郡月形町）で剣術師範を務め、看守に剣術を指導したりしていましたが、退職後は東京に戻り、牛込で剣術道場を開きます。

しかし、明治三二年、ふたたび小樽へ戻り、東北帝国大学農科大学（現在の北海道大学）の剣道部を指導したりしなが

東北帝国大学農科大学　ここで新八は剣道部の指導にあたった。

ら、大正四年（一九一五）一月五日に七七歳で亡くなるまで、小樽で暮らしつづけました。

その永倉新八は、北海道でもさまざまなエピソードを残しています。

たとえば、明治二七年に日清戦争がはじまったときには抜《ばっ》刀隊《とうたい》に志願したものの、すでに五五歳だったため「お気持ちだけで……」と断られています。そのとき永倉は、「元新選組の手を借りたとあっては、薩摩の連中も面目丸つぶれというわけかい」と自嘲《じちょう》したといいます。

また、大正二年には、近藤勇の娘を名乗る女性が訪ねてきたこともあったそうです。その女性は、永倉が新聞で連載していた「新選組顛末記《てんまつき》」を読んで、父の写真を持っていると知り訪ねて来たとか。

彼女は、旅芸人一座の一員だったようですが、果たしてその話が本当かどうかは定かではありませんでした。しかし、

自称近藤勇の娘、対面の地 「市役所下」交差点近くにひっそりと立てられている。

最晩年の永倉新八 大正2年（1913）、札幌で撮影。

顔は近藤によく似ており、新八が写真を見せると、ずっと泣いていたそうです。そしてそのようすを見た新八もまた、涙したといいます。小樽市の国道5号線沿い、「市役所下」という交差点近くには、〈大正二年五月廿二日　新撰組　永倉新八を訪ね　自称・近藤勇の娘　山田音羽（芸名　綱枝太夫）対面の地　現、小樽市役所左隣〉と書かれた木札が建てられています。

晩年を迎えた新八は映画を好み、孫を連れてよく映画館に通うようになります。そんなある日、映画館の出口で地元のヤクザにからまれます、しかし鋭い眼力と一喝《いっかつ》で、ヤクザはすっかりびびってしまい、逃げてしまったとか。さすがは元新選組二番隊組長だった人です。その迫力はさぞかしすごいものだったのでしょう。

なお、永倉の墓は、小樽市中央墓地と札幌市里塚霊園、東京都北区滝野川の寿徳寺境外墓地の三か所があります。その

永倉新八の墓　昭和４年（1929）に長男によって建てられた。東京都北区滝野川、寿徳寺。

うち寿徳寺境外墓地の墓は、昭和四年（一九二九）に墓所の大改修に合わせて、長男・杉村義太郎が建立したものだそうです。

ところで、ボクが大河ドラマ『花燃ゆ』で宮部《みやべ》鼎蔵《ていぞう》を演じたとき、近藤勇に斬られる台本でした。史実は、池田屋事件で自害したことになっていますから、監督に「永倉新八に斬られたい」と相談しましたが、残念ながらダメでした……。

新選組のふるさとを歩く

新選組の原点、日野

新選組をもっとよく知りたければ、その原点ともいえる日野を訪ねるべきでしょう。

京王線高幡不動駅から徒歩五分の、「高幡不動尊金剛寺」には、「殉節両雄之碑（故幕府新選隊士近藤昌宜・土方義豊碑）」と土方の像が建てられており、また奥殿には、土方の手紙など、新選組に関連した史料が展示されています。

高幡不動尊金剛寺の不動堂と五重塔　土方歳三の菩提寺として知られている。

また、多摩都市モノレールの万願寺駅近くの土方歳三資料館は、平成二年（一九九〇）の土方の生家の建て替えを機に、自宅の一室を開放してつくられた資料館です。歳三の愛刀「和泉守兼定」や鎖帷子《くさりかたびら》などの武具、写真や手紙などが展示

土方歳三資料館　旧家屋は平成２年（1990）に建て替えられ、平成６年から資料館として公開されている。

土方歳三像　高幡不動尊金剛寺に建つ。

されており、歳三の子孫が直接解説をしてくれます。

ボクは、歳三が子供のころ、稽古で使っていたという木刀を特別に持たせてもらいましたが、それが太くて重い……。こんなのを使いこなしていたのかと驚きました。当時の剣豪というのは、筋骨隆々でものすごい身体能力を持っていたのでしょう。

そのいっぽうで、「しれば迷いしなければ迷わぬ恋の道」なんて、歳三が残した恋の歌も残されています。「歌としてのできはいまいちで、そんなにお上手ではない」ということですが、そういう嗜《たしな》みもあったのかと思うと、彼の人間味を感じてしまいます。

また、JR中央線日野駅から徒歩一〇分ほどの場所にある「日野宿脇本陣跡《わきほんじん》」は、現在、日野市の「新選組のふるさと歴史館」の関連施設として一般に公開されています。

この日野宿本陣の最後の名主を努めた人物が佐藤彦五郎で

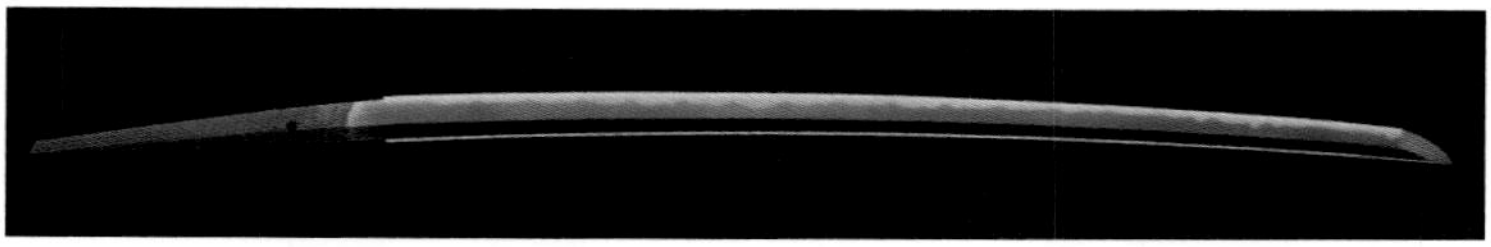

歳三の愛刀「和泉守兼定」（日野市指定有形文化財）　刀身２尺３寸１分（70.3cm）。松平容保から下賜されたと伝わっている。毎年、歳三の命日（５月 11 日）前後などの限定期間のみ公開される。

す。彼は、自宅でもあった日野宿本陣に天然理心流の道場を開き、そこには近藤や沖田・山南らが稽古に訪れていたといいます。

　ここには、歳三が甲陽鎮撫隊として甲府に向かう途中に立ち寄り昼寝をした部屋があります。「生きるか死ぬかの殺伐《さつばつ》とした時代を生きた歳三だけど、ふとした時間にこんなところで昼寝をしていたのか」と、なんだか歳三がリアルに感じられます。

　このすぐ近くに「佐藤彦五郎新選組資料館」があります。館内には、歳三から贈られた越前康継《やすつぐ》作の刀、近藤が使ったというピストルなどが展示されています。

　近藤は、江戸の町で手に入れたピストルを彦五郎に贈っていたんです。戦うにはピストルのほうが勝負は早いし有利だったはずなのに、自分では使わず、人にプレゼントしていたというのはちょっと意外でしたね。近藤には、「武士たるも

佐藤彦五郎新選組資料館　最後の日野宿名主佐藤彦五郎が、自宅の日野宿本陣に天然理心流の道場を開いた。

のは、刀で勝負すべきだ」という思いがあったのかもしれません。

また、歳三の写真といえば、洋装の写真が有名ですが、あれは、箱館戦争の最中に撮られた写真で、明治二年五月一一日に、彼が五稜郭《ごりょうかく》の防衛戦で戦死する前に部下に渡し、故郷の家族に届けてくれと頼んだものだそうです。その現物を見ることもできます。

京都から届いた山南の死を知らせる沖田からの手紙もあります。その手紙には「山南さんが死にました」と書かれているだけで、自分が使命を帯びて彼の死にかかわったことについてはまったく触れていません。みずから介錯《かいしゃく》を務めた沖田としては、あまりにも複雑な思いに駆られ、あまり筆が進まなかったんだろうと感じさせる手紙です。

ボクがこの資料館で胸が苦しくなったのは、明治二四年（一八九一）に永倉新八が佐藤家に宛てて書いた手紙です。

日野宿脇本陣跡　嘉永年間に本陣・脇本陣とも焼失したが、脇本陣は佐藤彦五郎により再建された。

それには、「近藤勇の首を探しています。まだ見つかっていません。まだ探しています」という内容が書かれています。明治の時代になってもなお生き延びた永倉は、ずっと新撰組の歴史の後処理みたいなことをやっていたんですね。

近藤勇の生家

さて、「近藤勇の生家跡」は、調布市と三鷹市の市境付近にあります。生家は取り壊されて残っていませんが、近藤が生まれたときに産湯《うぶゆ》を沸かすために使われた古井戸が残っています。また、その隣には、昭和になってつくられた「近藤神社」があります

近藤といえば、農家の生まれで武士に憧れていたということで、なんとなく貧しかったのかなと思っていましたが、じつはなかなか裕福な家柄だったようです。その近藤の生家の復元模型が、京王線「京王多摩川」駅から徒歩四分ほどの調

龍源寺 門前には近藤の胸像があり、本堂の裏手には近藤の墓石がある。

布市郷土博物館に展示されています。一度、見にいくといいでしょう。

また、近藤の墓は、前述した板橋のほかに、東京都三鷹市の「龍源寺《りゅうげんじ》」と、福島県会津若松市の「天寧寺《てんねいじ》」にあります。

龍源寺は、徳川家光《とくがわいえみつ》の時代に建てられた曹洞宗《そうとうしゅう》のお寺ですが、近藤の実家である宮川家の菩提寺《ぼだいじ》でした。近藤が斬首《ざんしゅ》された翌々日の慶応四年（一八六八）四月二七日の夜、近藤の身内や門人たち合計七名が板橋刑場の番人に金を渡し、近藤の首のない遺体を掘り起こし、約二〇キロの道のりを運んで龍源寺に埋葬したとされています。

いっぽう、天寧寺には、土方が建てたとされる近藤の墓があり、近藤の遺髪が埋葬されたとされています。

その天寧寺で、ボクは、明日は死んでしまうかもしれない状況のなかで近藤の墓を建てた土方の近藤に対する思いの深さと、新選組ナンバー2としての責任感を感じずにはいられ

天寧寺　福島県会津若松市にある。戊辰戦争のさなか、東北を転戦していた土方歳三がここに近藤勇の墓を建てたとされている。

ませんでした。

　また、都市伝説に近い話ですけど、じつは土方たちは、近藤の首もそこに埋めたのではないかという説があるそうです。そこに近藤の首があるかもしれないと思って行くだけでも、なんだか見方が変わるような気がします。

ビビる大木の幕末ひとり旅

第三章 ジョン万次郎編

ボクがジョン万次郎に惹かれるワケ

まだ日本が外国に対してかたくなに国を閉ざしていた江戸末期、土佐国の漁師だった一四歳の万次郎は、まさか自分が世界の海を駆け巡ることになるとは思ってもいなかったに違いありません。

彼は仲間といっしょに漁に出て遭難。無人島に流れつき、餓え死に寸前でアメリカの捕鯨船に救出され、想像もしていなかった世界を目にします。そしてアメリカの学校で学び、捕鯨船の副船長を務めるまでになったあと、今度はカルフォルニアの金鉱で帰国資金を稼ぎ、遭難してから一〇年後にようやく日本への帰国を果たして直参旗本《じきさんはたもと》となり、明治新政府のために尽力することとなりました。

そもそも遭難するなんて本当に運が悪い。でも彼は不屈の適応力で逆境をはねのけ、自分の人生を切り開いていったのです。ボクはそのパワーに感嘆せずにはいられませんし、もっと彼の偉業は知られるべきだと思います。

中濱万次郎　明治13年（1880）ころの万次郎の写真。明治3年に普仏戦争視察団としてヨーロッパに派遣され、翌年に帰国したあと、脳溢血で倒れた。幸い、軽く済んだが、それ以降は静かな人生を送り、明治31年、71歳で亡くなった。

ジョン万次郎の故郷　土佐清水ガイド

ジョン万次郎が漁師の次男として誕生した四国最南端足摺岬の中ノ浜。万次郎は期せずして、この地から世界を巡ることになりました。「日本最初の国際人」とも呼ばれる万次郎の故郷は、今も自然に満ちています。少年がいかにして世界に目を開いていったのか、その原点に触れてみたいと思いませんか？

ジョン万次郎資料館

ちょっと遠いけど、行ってみる価値大！　ジョン万次郎の大冒険と、彼のスペクタクルな人生を知ってほしい（by　ビビる大木：ジョン万次郎資料館名誉館長）

資料館２Fは、体験・交流スペース。姉妹都市フェアヘーブン、ニューベッドフォードの情報や、帆船模型を展示している。

資料館１Fでは、ジョン万次郎の生涯を漂流・アメリカ・帰国・功績の４つの展示室で再現している。

万次郎生誕地

万次郎帰郷150周年記念につくられた碑。石碑の裏には日本語と英語両方の説明文が刻まれている。

万次郎の銅像

足摺岬に建つジョン万次郎の銅像。その目は、かつて自分が航海したはるか太平洋を見据えている。

万次郎の生家

平成22年（2010）に復元された万次郎の生家の外観と内部。現存している写真を元に建てられた。

【ジョン万次郎年表】

和暦	西暦	できごと
文政10	1827	土佐国幡多郡中ノ浜村（高知県土佐清水市中浜）に漁師の次男として誕生。
天保7	1836	●天保の大飢饉。父死亡。
天保8	1837	中浜浦老役、今津太平宅の下働きに。
天保12	1841	漁で遭難。無人島に漂着。143日後、アメリカの捕鯨船ジョン・ハウランド号に救助される。
天保13	1842	ハワイで仲間と別れ、単身アメリカへ。
天保14	1843	フェアヘーブンへ。ウィリアム・ホイットフィールド船長の養子となり、オックスフォード校（初級）バートレット専門学校で、教育を受ける。
弘化3	1846	捕鯨船・フランクリン号に給仕係として乗り込む。
弘化5／嘉永元	1848	一等航海士、副船長となる。
嘉永2	1849	船を降り、ゴールドラッシュに沸くカルフォルニアへ。
嘉永3	1850	金鉱で帰国資金を稼ぎ、ホノルルへ。
嘉永4	1851	伝蔵・五右衛門・万次郎の3人で琉球に上陸。その後、鹿児島・長崎へ。
嘉永5	1852	土佐に帰国。吉田東洋から取り調べ

ジョン万次郎人物年表

人物	生年月日
ジョン万次郎	1827.01.01
ウィリアム・ホイットフィールド	1804.11.11
吉田東洋	1816
後藤象二郎	1838.03.19
岩崎弥太郎	1834.12.11
江川英龍	1801.05.13
勝海舟	1823
福沢諭吉	1834.12.12
水野忠徳	1810
大山巌	1842.10.10

嘉永6	1853	を受けたのち、河田小龍宅に寄宿。その後、11年10か月ぶりに母と再会。●ペリー艦隊、浦賀来航。江戸に招聘され、直参旗本となり中濱万次郎の名を受ける。藩校「教授館」の教授となり、後藤象二郎・岩崎弥太郎らを指導。
嘉永7／安政元	1854	幕臣の江川英龍の配下となり、通弁のかたわら、造船・航海・測量・捕鯨などの指導にあたる。
安政4	1857	軍艦教授所の教授となる。
安政7／万延元	1860	咸臨丸に通訳・技術指導員として乗り込み、勝海舟・福沢諭吉らと渡米。
万延2／文久元	1861	外国奉行水野忠徳に同行して小笠原諸島（父島・母島）の調査にあたる。
文久4／元治元	1864	薩摩藩開成所教授に着任。
慶応2	1866	山内容堂の依頼を受け、後藤象二郎らと藩校「開成館」の設立に寄与。
明治2	1869	開成学校（現・東京大学）の二等教授となる。
明治3	1870	普仏戦争視察団として、大山巌らとヨーロッパへ派遣される。
明治4	1871	帰国後、脳溢血で倒れる。
明治31	1898	71歳で死去。

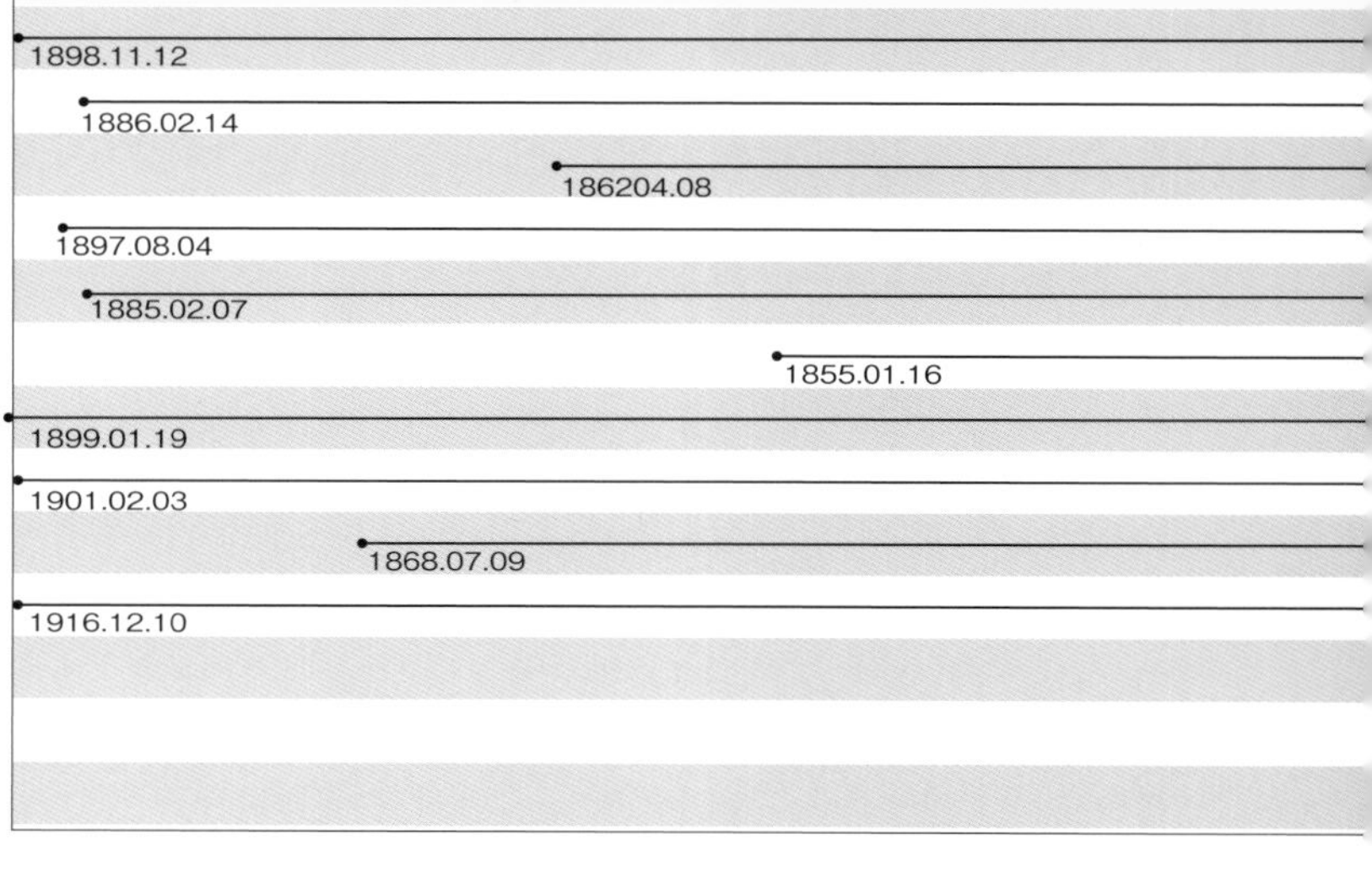

国際派日本人第一号

「ジョン万次郎資料館」名誉館長着任

　幕末を代表する人物として、坂本龍馬《さかもとりょうま》をはずすわけにはいかないでしょう。しかし、龍馬を語る前に、「ジョン万次郎（萬次郎）」にも触れたいと思います。

　万次郎が生まれたのは、文政一〇年（一八二七）一月一日のことです。土佐国幡多《はた》郡中ノ浜村（現在の高知県土佐清水市中浜）で、漁師の家の次男として生まれ、江戸時代末期から明治にかけて、アメリカと日本で活躍した人物です。

　その万次郎の資料館「ジョン万次郎資料館」が土佐清水市にありますが、じつはボクは、平成二五年（二〇一三）四月一日、同館の名誉館長に就任させていただいています。

ジョン万次郎　帰国後、通弁方として活躍した。

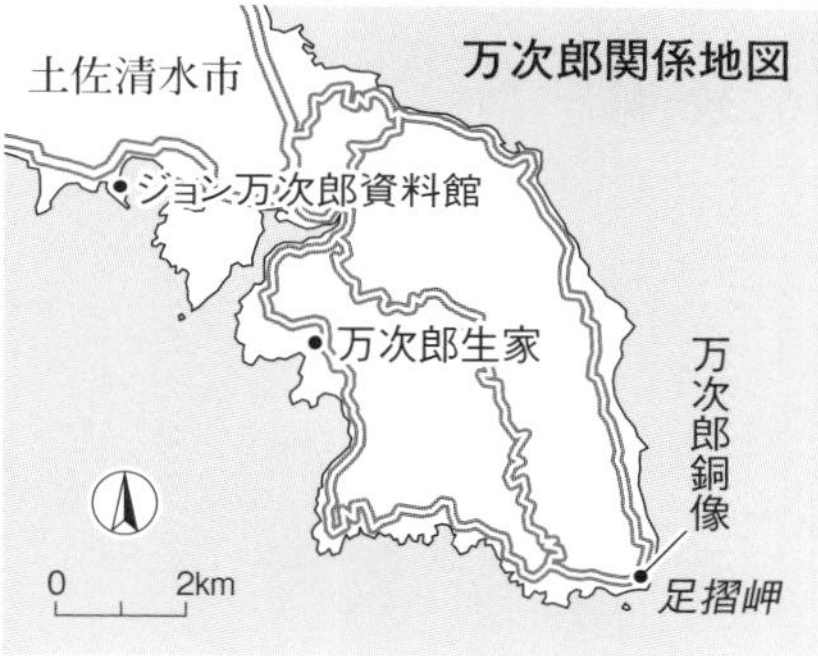

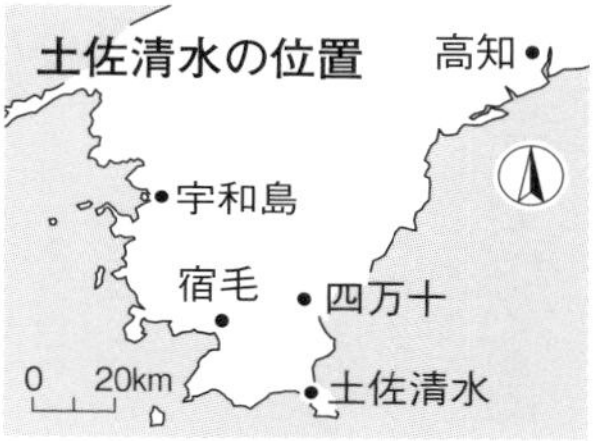

いろいろ幕末の本を読んでいるうちに、何度となく登場してくる万次郎に興味を持ち、「じゃあ、行ってみよう！」とジョン万次郎資料館をぶらりと訪ねたのがきっかけでした。

東京から土佐清水まで、飛行機と車を合わせて五時間ぐらいの長旅でした。まだ高速道路も伸びていなかったので、高知空港から資料館まで車で四時間ぐらいかかりましたね（今でも三時間半ぐらいかかりますが……）。

でも行った甲斐《かい》はありました。

館内には、ジョン万次郎の生涯が再現されており、展示コーナーではその軌跡を見ることができましたし、さまざまな資料も展示されていました。

ボクが夢中になって見ていると、資料館の方が、「ほんと、よくここまで来ましたね」と声をかけてくださいました。そして後日、「そんなにジョン万次郎に興味があるなら、名誉館長にどうでしょうか」と声をかけていただいたのです。

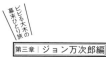

ジョン万次郎資料館の名誉館長に就任！　平成二五年（二〇一三）四月二三日。

「えっ、ボクでいいんですか」と思いましたが、ありがたくお話を受けさせていただくことにしました。資料館のホームページには、恥ずかしながら、つぎのようなボクの就任コメントも出ています。のぞいてみてください。

みなさま　こんばんみ！　ビビる大木でございます。

全く歴史に興味のなかった人生でしたが、２００３年から幕末に燃え上るようになりました。

突然、興味を持つようになり自分自身ビックリしました。笑。

新撰組、吉田松陰先生、西郷どん、坂本龍馬さん、勝海舟さん、高杉晋作さん、ｅｔｃ…

偉人に惹かれていきました。当然、「ジョン万次郎さん」にも惹かれてしまいました！

黒船来航以前のアメリカ体験記には驚く事しかできませ

テレビ取材にも協力　ジョン万次郎資料館を多くの人に知ってもらいたい。

ん。

何者かが、用意・手配したとしか思えない人物です。

プライベートで土佐清水を訪れ、宿泊し、「ジョン万次郎資料館」「中濱万次郎の生家」に大コーフン。

ドラマ・映画化したら面白い!!　と思うのは皆一緒のはず。「笑っていいとも！」でタモリさんにも資料館の話をさせてもらいました。

今回、ご縁あってのお話。「ボクでいいのかな？？」と心配しております。

が、しかし！　ジョン万次郎さんのスゴさを全国に届けるお手伝いさせて頂けるこの幸せ。

土佐清水市民の皆様、高知県民の皆様、お世話になります。

万次郎先生ーっ!!

鳥島　面積 4.79 km^2 の絶海の孤島。アホウドリの生息地としても有名。

アメリカの捕鯨船に救助される

さて、ジョン万次郎の数奇な人生を駆け足でたどってみましょう。

万次郎が九歳のとき父が亡くなりますが、母と兄が病弱だったため、万次郎は幼いころから家族を養わなければならなくなり、一〇歳のころに今津太平宅に下働きに出たあと、宇《う》佐《さ》の船頭筆之丞《ふでのじょう》（三八歳。のちにハワイで「伝蔵」と改名）の元で漁師として働くことになりました。

そして、万次郎は満一四歳の誕生日を迎えた天保一二年（一八四一）一月五日早朝、足摺岬《あしずりみさき》沖での漁に向かう船に炊事・雑事係として乗り込みます。

その船には、筆之丞のほか、筆之丞の弟で漁労係の重助（二五歳）、同じく筆之丞の弟で櫓《ろ》係を務める五右衛門（一六歳）と、もうひとりの櫓係の寅右衛門（二六歳）も乗っていました。

ウィリアム・ホイットフィールド船長
一四歳の万次郎を救出し、帰国するまで面倒をみた。ホイットフィールドの屋敷は現在、万次郎のフェアヘイヴンでの生活を紹介する博物館となっている。

しかし足摺岬の南東一五キロほどの沖合で操業中、突然の強風に船ごと吹き流され、数日間にわたって漂流したあと、伊豆諸島にある無人島（鳥島《とりしま》）に漂着してしまいました。アホウドリの生息地として知られるこの島の面積は四・七九平方キロメートル。万次郎たちはそこで、わずかな溜水と海藻や海鳥を口にしながらなんとか生き延びます。

そこにやってきたのが、食糧用のウミガメを捕獲するためにたまたま立ち寄った、船長ホイットフィールドが率いるアメリカの捕鯨船「ジョン・ハウランド号」でした。

そして、万次郎たちは、鳥島に漂着して一四三日目に救出されたのです。

救助されたものの、当時の日本は鎖国《さこく》をしており、外国の船は容易に近づける状態ではありませんでした。それに、帰国できたとしても命の保証はありませんでした。

そのため、ジョン・ハウランド号は、万次郎たちを乗せた

江戸末期の太平洋におけるアメリカの捕鯨のようす

ままアメリカへ向かい、同年一〇月八日にはハワイのホノルルに到着。そこで万次郎を除く四人は下船し、万次郎だけがアメリカをめざすこととなりました。

ジョン・ハウランド号のホイットフィールド船長が万次郎を気に入り、アメリカ行きを勧めたのです。

そのとき、乗組員たちから、船名にちなんだ「ジョン・マン」(John Mung)という愛称をつけられたといいます。このアメリカ行きの航海中、万次郎ははじめて世界地図を見て、日本の小ささに驚いたそうです。

アメリカで勉学に励む

ジョン・ハウランド号がマサチューセッツ州ニューベッドフォードに帰港したのは、土佐を出てから二年三か月後、天保一四年四月八日のことでした。

万次郎は家が貧しく、寺子屋に通うことができず、読み書

ジョン万次郎とホイットフィールド船長？ 二〇一五年に米国マサチューセッツ州ニューベッドフォードの図書館で発見された写真。左が万次郎、右がホイットフィールド船長である可能性があるとされている。

きもほとんどできませんでしたが、もともと頭がよかったのでしょう。アメリカ本土に渡った万次郎は、ホイットフィールド船長の養子となり、マサチューセッツ州フェアヘーブンで一緒に暮らしながら、オックスフォード・スクールで小学生に混じって英語を学んだあと、難関校のバートレット・アカデミーで英語・数学・測量・航海術・造船技術などを学びました。

万次郎は首席になるほど熱心に勉学に励んだといいます。

この間、人種差別にもあったといいますが、そのいっぽうでポエムのようなラブレターを書いて、相手の家のドアにかけたこともあったといいます。結構ロマンチストな一面もあったんですね。その万次郎は、学校を卒業すると、捕鯨船に乗り、副船長を任されるほどになります。学習能力がものすごく高かったのでしょう。

その間、万次郎は、地球を二周するぐらいの距離を移動、

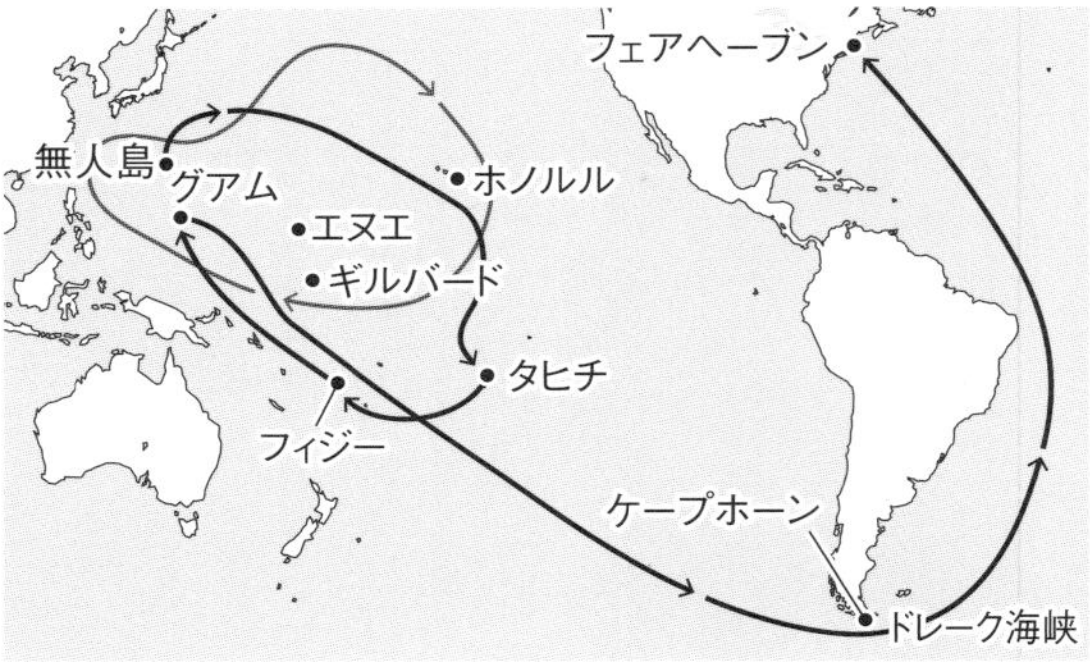

万次郎の航海　ジョン・ハウランド号に救助され、無人島からホノルルなどを経てグアムへ、その後フェアヘーブンまでの航路。

世界のいろいろなものを目にしています。なかには、人肉を食べる習慣が残っている島もあって、危ない目にあったこともあったようですが、水や食料の補給だとか、船員の補充とか、立派にこなしていました。

また、そんな日々を送るなかで、日本が世界に取り残されていることも感じていたのではないでしょうか。

日本への帰国を決意

そうして数年の航海生活ののち、万次郎はついに日本に帰国することを決意します。ひと目でも母親に会いたかったのではないでしょうか。

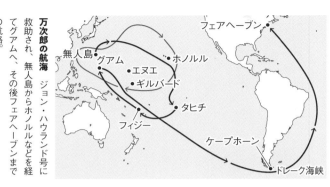

そして帰国資金を得るために、ゴールドラッシュに沸きたっていたカリフォルニアに向かい、金鉱で働き、六〇〇ドルを手にしてハワイに渡ります。

当時は、人の金を狙う荒らくれ者も数多くいたらしく、護

アドベンチャー号の模型　万次郎が琉球上陸用に準備した小舟。ジョン万次郎資料館蔵。

身用のピストルも購入したようです。そのあたりの適応力、バイタリティーはすごいですよね。

万次郎がみんなの分も稼いでハワイに行ったときには、残念ながら、筆之丞の弟重助はすでに死亡していました。また、結婚して子どももできていた寅右衛門はハワイに残ることを選択しました。

そこで万次郎は、伝蔵（筆之丞）とその弟五右衛門とともに上海《シャンハイ》行きの商船「サラ・ボイド号」に乗り込み、日本に向けて出港します。

このとき、上陸用のボート「アドベンチャー号」も積み込んでいました。鎖国中の日本にいきなり帰っても死罪になる可能性があるため、まず警戒のゆるい琉球《りゅうきゅう》の近くまで連れて行ってもらい、そこからアドベンチャー号で漕《こ》ぎだし、人の少ない海岸に上陸する計画でした。

幕末探検隊 レポート⑤

万次郎の移動航路

バートレット・アカデミーで学んだあと、万次郎は捕鯨船フランクリン号の副船長を任せられるまでになる。潜在能力に加えて、並々ならぬ努力をしたことだろう。

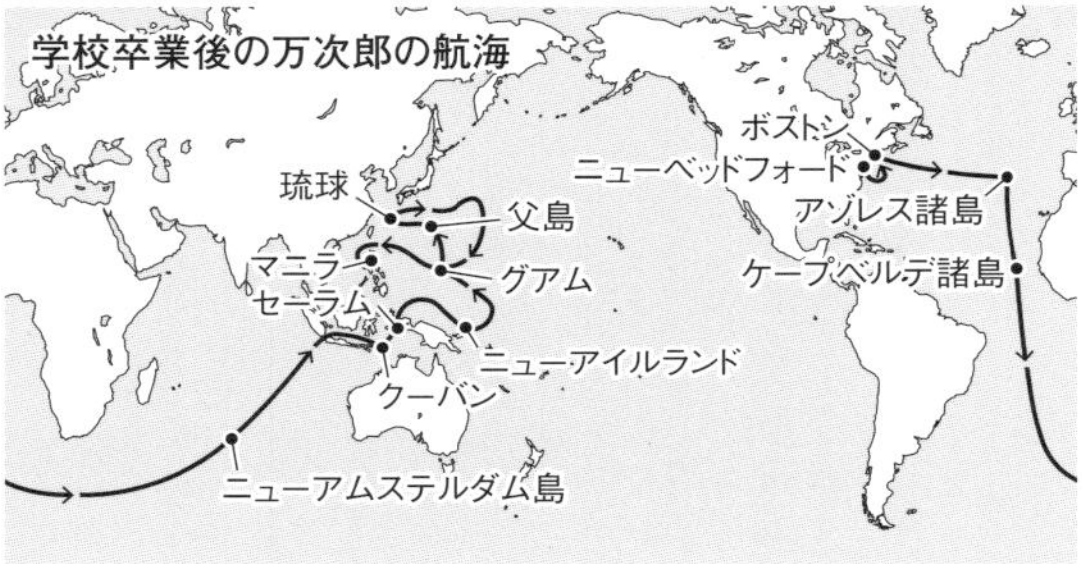

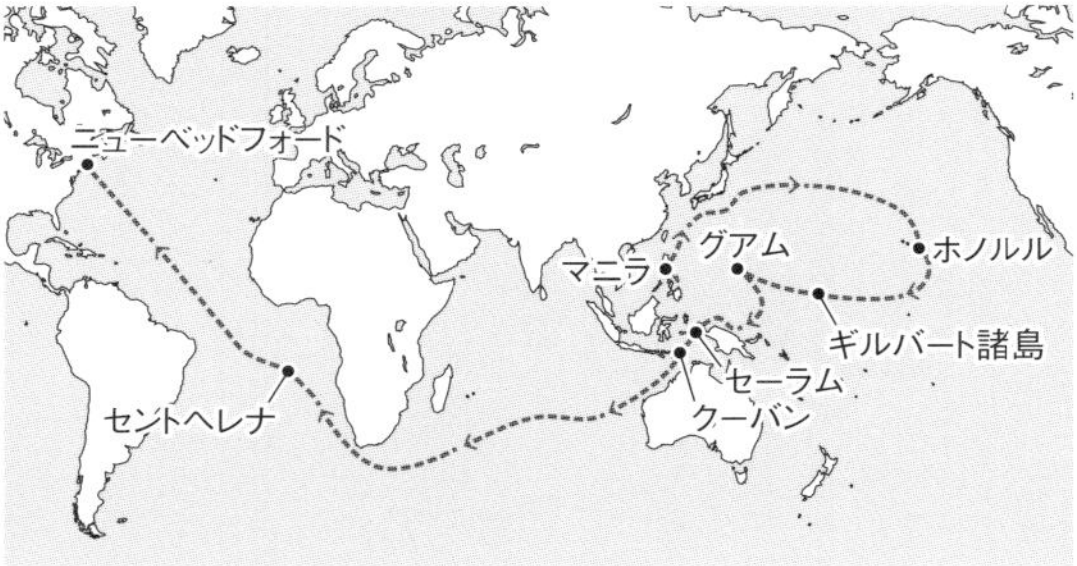

学校卒業後のジョン万次郎の航海

【1】ニューベッドフォード→【2】ボストン→【3】ファイアル（アゾレス諸島）→【4】ケープベルデ諸島→【5】ニューアムステルダム島→【6】クーパン→【7】セーラム→【8】ニューアイルランド→【9】グアム→【10】父島→【11】琉球→【12】マニラ

学校卒業後のジョン万次郎航海図

【1】マニラ→【2】ホノルル→【3】ギルバート諸島→【4】グアム→【5】セーラム→【6】クーパン→【7】セントヘレナ→【8】ニューベッドフォード

ジョン万次郎上陸之碑　平成 30 年（2018）に、有志によって建てられた。

琉球に上陸

嘉永四年（一八五一）一月二日、万次郎一行は、薩摩藩領だった琉球の麻文仁間切《まぶにまぎり》の浜（現在の大度《おおど》浜《はま》海岸、ジョン万ビーチ付近）のリーフに接岸、上陸します。

土佐を出てから一〇年が経ち、万次郎は二四歳になっていました。

そこには今、「ジョン万次郎上陸之碑」が建てられています。まるでインディ・ジョーンズのような服装をした万次郎の銅像の左手は、『ジョージ・ワシントン伝記』と『ボーディッチ航海術書』を持ち、右手は故郷土佐清水市の方向を指さしています。

あのあたりの海岸は、まだまだ人の手が入っていなくて、万次郎の上陸当時の雰囲気がそのまま味わえると思います。

上陸後、万次郎たちは、取り調べのため那覇《なは》に向けて護送されることになりましたが、手前で引き返して、豊《と》見城《みぐすく》間切

今も残る高安家のヒンプン　個人のお宅ですから迷惑をかけないように！

戦前の高安家　母屋は二棟を並べて連結した茅葺きの建物であった。

翁長《おなが》村（現在の豊見城市字翁長）の高安家に留め置かれることとなりました。何者かよくわからないから、しばらく調べてから那覇に連れていこうということだったのでしょう。

そのとき、監視はついたものの集落内を出歩くことは自由という、ゆるやかな軟禁状態だったようで、万次郎は、高安家からたびたび外出しては集落の人びとと交流したり、お湯をもらってアメリカから持参してきたコーヒーを飲んだり、泡盛《あわもり》を振る舞ってもらったりと、だいぶよくしてもらっていたようです。

また、高安家には、万次郎が飛び越えて遊んでいたという壁（ヒンプン＝門と母屋とのあいだに設けられる「目隠し」の壁）が残っていますが、それが結構な高さで、飛び越えるにはかなりの運動神経とジャンプ力が必要だろうなと思えるほどです。

万次郎の身体能力はかなりのものだったのでしょう。

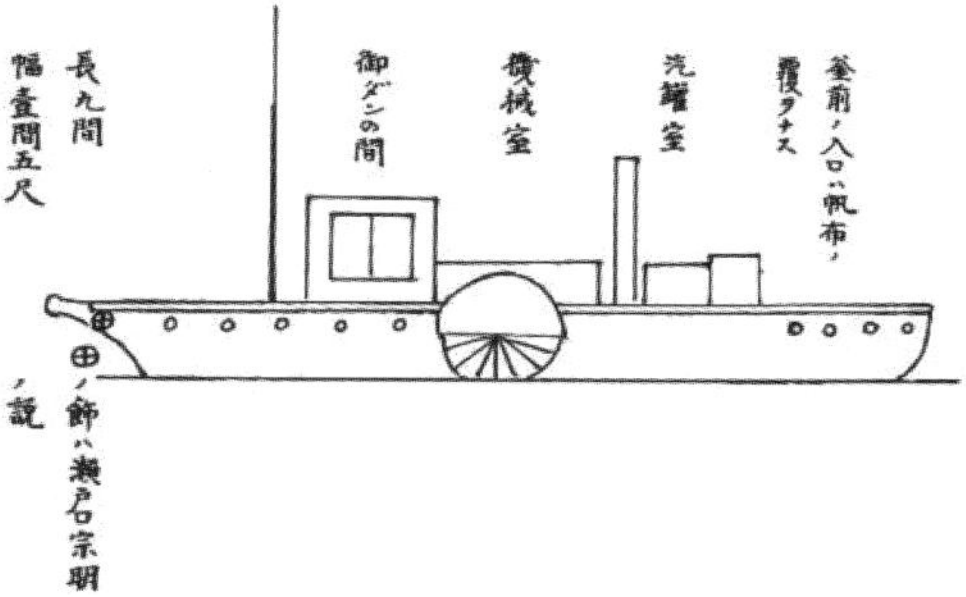

雲行丸絵図　明治時代になって元薩摩藩士の町田良右衛門が作成した略図。

それはさておき、番所などで約半年間にわたって尋問を受けたあと、万次郎は薩摩本土に送られます。

薩摩藩での取り調べ

その薩摩藩でも、万次郎は厚遇されました。藩主島津斉彬《しまづなりあきら》がみずから万次郎に海外の情勢や文化などについて質問することもあったし、斉彬の要請に応じて、藩士や船大工らに洋式の造船術や航海術について教えています。薩摩藩はその情報を元に和洋折衷船の越通船《おつとせん》「雲行丸《うんこうまる》」を建造しています。日本で建造された最初の蒸気船です。

薩摩藩としては、幕府に先駆けて、万次郎から海外の最新情報を手に入れようとしたのでしょう。

また薩摩藩は、のちに万次郎の英語力や造船知識に注目し、藩の洋学校（開成所）の講師として招いています。嘉永五年（一八五二）のことですが、それほど万次郎の知識を高く買

河田小龍　万次郎の話をもとに『漂巽紀略』を記した。

河田小龍が『漂巽紀略』に描いたジョン万次郎　持っているのは金鉱の地図。穿いているのはジーンズか？

っていたのです。

この薩摩藩での取り調べののち、万次郎は幕府の命令で長崎に送られ、長崎奉行所で長期間尋問を受けることとなりました。そこでは、踏み絵を強要され、キリスト教徒でないことを証明させられたり、外国から持ち帰った品々を没収されたりもしたようです。

やっと土佐に戻る

そしておよそ九か月間にわたってまるでスパイのような扱いを受けたあと、ようやく土佐藩に戻った万次郎は、高知城下で吉田《よしだ》東洋《とうよう》らによって約二か月にわたって取り調べを受けます。

その際、聞き取りに当たった絵師の河田小龍《かわだしょうりょう》が万次郎の話を記録し、のちに『漂巽紀略《ひょうそんきりゃく》』を記しています。じつはこのころ、万次郎は、日本語をかなり忘れており、小龍に日本語

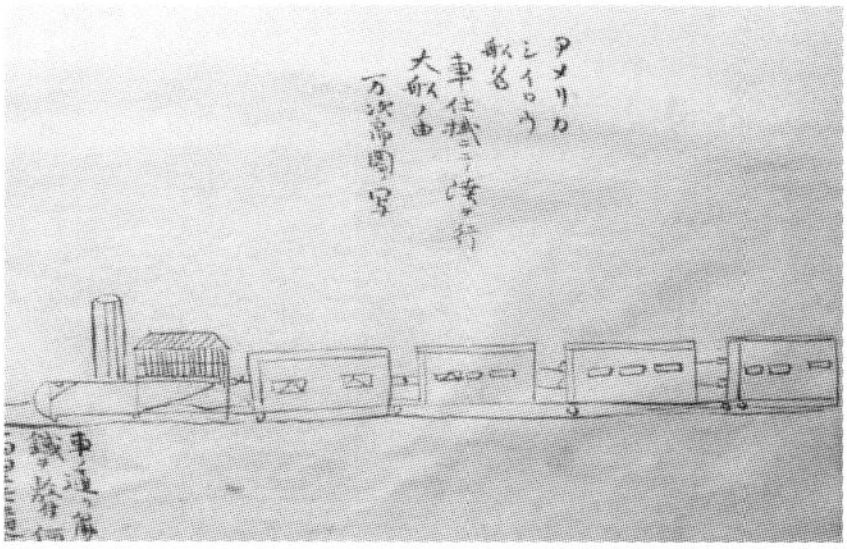

『漂客談奇』に描かれた汽車の絵　土佐藩で万次郎らの取調べにあった吉田文次がまとめた。

河田小龍が『漂巽紀略』に描いた伝蔵（右）と五右衛門（左）

と読み書きを教わっていたそうです。いっぽう、小龍が書いた『漂巽紀略』の写本は、坂本龍馬をはじめとする多くの志士たちのあいだで読まれ、大きな影響を与えたとされています。

たとえば、「アメリカでは蒸気機関車というものが走っているらしい」とか、「アメリカでは将軍を国民が選挙というもので選んでいるらしい。世襲じゃないらしい」なんてことを龍馬たちも『漂巽紀略』を通じてはじめて知ったのではないでしょうか。

ボクは、そういう意味では、万次郎もまた、明治維新に大きく貢献したひとりだったと思っているのです。

その万次郎が故郷の母と再会できたのは、帰国から約一年半後、漂流してから一一年目のことでした。そのとき、万次郎は母を撮るためにカメラを、また針仕事をする母のためにミシンを持ち帰ったとされています。

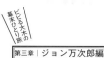

幕末の日本で陰ながら大活躍

江川太郎左衛門の配下となる

土佐藩に戻った万次郎は、すぐに士分に取り立てられ、高知城下の藩校「教授館《こうじゅかん》」の教授に任命されます。

韮山の反射炉　安政４年（1857）に完成。大小の大砲数百門を鋳造。

そこでは、のちに板垣退助《いたがきたいすけ》・佐々木《ささき》高行《たかゆき》とともに「土佐三伯」と呼ばれることになる後藤象二郎《ごとうしょうじろう》や、三菱財閥を築くことになる岩崎弥太郎《いわさきやたろう》なども、万次郎から直接指導を受けたといわれています。

さらに万次郎は直参旗本《じきさんはたもと》の身分を与えられます。嘉永六年（一八五三）にペリーが来航すると、幕府に招かれ、生まれ故郷の地名を取って「中濱」の苗字が授けられます。そして

江川英龍　近代的な沿岸防備を訴えて反射炉を築いた。

大鳥圭介　陸軍奉行として五稜郭で戦う。

中濱万次郎と名乗るようになった彼は、幕臣江川英龍《えがわひでたつ》（太郎左衛門《たろうざえもん》）の配下となりました。

この異例の出世の背景には、ペリー来航によりアメリカの情報を必要としていた幕府の事情があったとされています。

ちなみに、江川英龍は伊豆韮山《にらやま》の代官でしたが、老中阿部《あべ》正弘《まさひろ》に高く評価され、ペリー来航直後には勘定吟味役《かんじょうぎんみやく》格に登用されています。

そして、黒船に備えた要塞（品川台場）の築造を任され、韮山で反射炉《はんしゃろ》の開発にも取り組んでいました。

江川英龍はもともと非常に開明的な人物で、西洋砲術の普及に努め、佐久間象山・大鳥圭介・橋本左内《はしもとさない》・桂小五郎・伊《い》東祐亭《とうすけゆき》なども彼に学んでいましたし、万次郎が来てからは、大鳥圭介・箕作麟祥《みつくりりんしょう》などをはじめ、英語や航海術を学びに来る人も多かったといわれています。

ただし万次郎は、ペリー来航にともなう通訳や翻訳など重

徳川斉昭　水戸藩の第９代藩主。徳川慶喜の実父。

要な仕事からはずされてしまいます。とくに反対したのは、強硬な攘夷論者だった水戸藩主徳川斉昭《とくがわなりあき》でした。「アメリカのスパイかもしれない。外交文書をアメリカの都合のいいように翻訳されたらたまったもんじゃない」などと邪推したのかもしれません。

本来なら、敵を知ることが大切なのに、万次郎はアメリカのことを知りすぎていたからこそ、知らない人たちから怪しまれてしまったというわけです。

結婚、そして長男誕生

その万次郎は、安政元年（一八五四）、江戸亀沢《かめざわ》町で剣術師範をしていた団野源之進（のちに幕府剣道指南）の次女と結婚します。

紹介したのは江川で、結婚後は江川邸（現在の東京都墨田区亀沢１）の屋敷内に新家庭を持つことになりました。万次

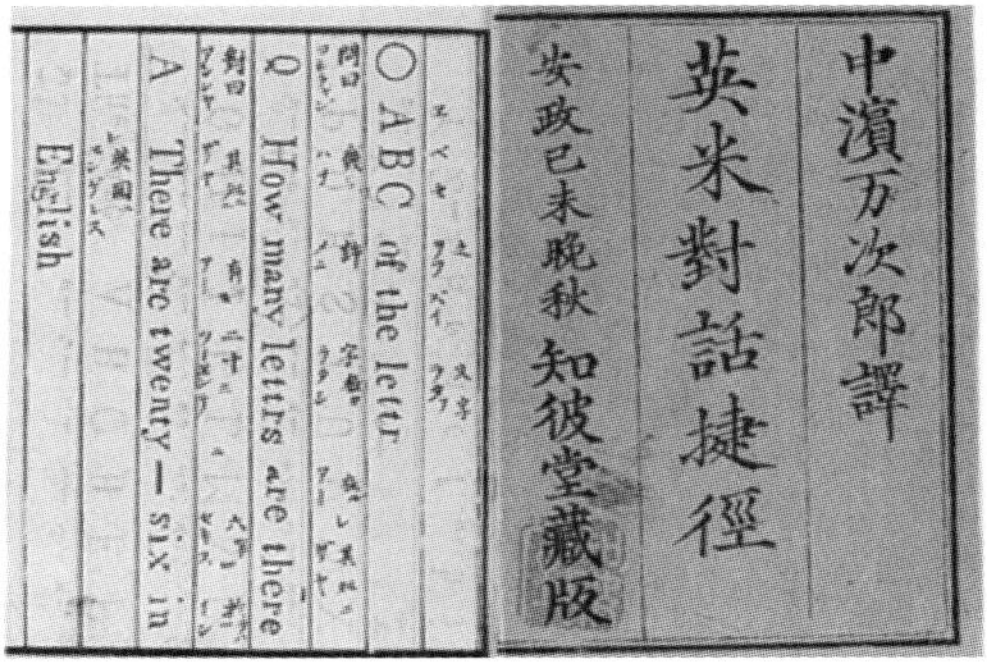

『**英米対話捷径**』　万次郎が32歳のときに幕府の命を受けて作成、ベストセラーとなった。

江川英敏　この写真は万次郎の撮影とされている。

郎はそこで、翻訳や通訳、造船指揮、人材育成にと精力的に働きます。

江川は、翌年の一月一六日に亡くなりますが、跡を継いだ長男英敏が、父が生前に進めていた反射炉の開発、爆裂砲弾の作成などをつぎつぎと推し進めるとともに、万次郎一家の面倒もみていました。

江川家が亀沢から芝の新銭座《しんせんざ》（現在のＪＲ浜松町駅から西北方一帯）の新しい屋敷に移るときには、邸内に万次郎一家のための新しい住宅も建てられました。

安政四年には、のちに医師として活躍することになる長男中濱東一郎《なかはまとういちろう》が誕生。また、万次郎はその年、軍艦教授所教授に任命され、造船の指揮、測量術・航海術の指導に当たりますが、このころ、勝海舟《かつかいしゅう》との交流を深めます。

同時に、英会話書『英米対話捷径《しょうけい》』の執筆、『ボー

福沢諭吉　文久２年（1862）にパリで撮影された写真。

サンフランシスコに停泊中の咸臨丸　オランダでつくられ、安政４年に長崎海軍伝習所の練習艦となった。

ディッチ航海術書』の翻訳のほか、講演、通訳、英語の教授、船の買い付けなど精力的に働きます。

小笠原諸島開拓

　さらに万延元年（一八六〇）には、日米修好通商条約の批准書交換のためにアメリカに行く使節団を乗せた、アメリカ海軍の「ポーハタン号」の随行艦「咸臨丸《かんりんまる》」に、通訳・技術指導員として乗り込み、アメリカへと渡ります。

　この咸臨丸には、艦長の勝海舟や福沢諭吉《ふくざわゆきち》など重要人物も乗っていました。

　万次郎はその後も、捕鯨活動や小笠原開拓など、めまぐるしく活躍していきます。

　たとえば、文久元年（一八六一）には、外国奉行水野《みずの》忠徳《ただのり》に同行し、小笠原諸島などの開拓調査を行っています。万次郎の小笠原付近の知識は貴重だったし、なにより、当時、小

大山巌　西郷隆盛の従兄弟。元老、貴族院議員。

笠原に住んでいたアメリカ人やイギリス人と面識があり、通訳もできたためだったとされています。

実際、万次郎は現地でアコーディオンを弾いて、歌を歌って、場を和《なご》ませたりもしたと伝えられていますし、彼ら外国人に小笠原が日本の領土であることを説明し、日本の掟《おきて》を守ることを誓わせたりしています。

この小笠原の開拓調査があったからこそ、日本人にも「小笠原列島は日本のものだ」という明確な意識が生まれたといってよいでしょう。

万次郎は、明治二年（一八六九）には、明治政府により開成学校（現在の東京大学）の英語教授に任命されますが、翌年には、「普仏戦争視察団」として、大山巌《おおやまいわお》らとともにヨーロッパへ派遣されました。

普仏戦争とは、一八七〇年から七一年にかけて、ドイツ統一をめざすプロイセンと、それを阻もうとするフランスとの

中濱東一郎（後列右）**と森鷗外**（後列左）　二人は親友関係にあった。

あいだで行われた戦争でしたが、プロイセンが圧勝してドイツ帝国の成立を宣言します。

当時の日本は、明治新政府が誕生したとはいえ、まだまだ解決しなければならない問題をいくつも抱えていました。そのなかでも、とくに外交面で重要視されていたのが、外圧によって結ばされていた「不平等条約」の是正でした。この問題を解決するためにも、海外の軍事技術を知ることが重要だったのです。

その旅の途中でニューヨークに立ち寄ったときには、万次郎は、恩人であるホイットフィールド船長に再会を果たしています。約二〇年ぶりのことでした。

訪ねてほしい「ジョン万次郎資料館」

しかし帰国後、万次郎は軽い脳溢血に倒れ、それ以後は静かな余生を送ります。

万次郎の墓　雑司ヶ谷霊園に建てられている。東京都豊島区南池袋４丁目。

そして明治三一年一一月一二日、長男東一郎の自宅（現在の東京都中央区銀座2）で、七一歳の生涯を終えました。彼の墓は、現在は雑司ヶ谷霊園にあります。

ちなみに、中濱東一郎は森鷗外《もりおうがい》の親友で、万次郎が亡くなったときに、親友のお父さんだから葬式に列席しようと思ったものの、軍医の仕事があって行くことができず、「行けずに悪いな」と東一郎に謝ったという話が伝わっています。

ところで、土佐清水市の万次郎の生家跡には、茅葺《かやぶ》き屋根の家が復元されています。そこを訪ねると、「こんな長閑《のどか》なところで暮らしていた万次郎少年は、まさかアメリカに渡ることになるなんて夢にも思わなかっただろうな。たいへんだっただろうな」と思います。

また、生家跡の近くには、万次郎の「仮墓」も残されています。お母さんが、万次郎が帰ってこないので、もう死んだと思ってつくったものだそうです。

ドアノブ　テレビの撮影でジョン万次郎のドアノブを触らせてもらいました！

そんな万次郎の一生をたどるには、やはり「ジョン万次郎資料館」を訪ねてほしいですね。そうそう、資料館には、万次郎がアメリカで暮らしていたときに住んでいた家のドアノブなんてものも展示されています。

ほんとにちっちゃなドアノブなんですが、「万次郎は、朝、出かけるときも、夜帰ってきたときも、このドアノブを握ってドアを開け閉めしていたんだな」と思うと、感慨深いものがありますよ。また、万次郎の子孫と、万次郎を助け、教育を受けさせてくれたアメリカの捕鯨船「ジョン・ハウランド号」の船長ウィリアム・ホイットフィールドの子孫との交流は、今でもつづいているそうです。

考えてみると、万次郎が漁師見習いになったのが宇佐でした。英語で書けばUSAです。そう、万次郎は宇佐からUSAへと行くことになったのです。「なんなんだ。この偶然は！」と思いませんか？

ビビる大木の
幕末ひとり旅

第四章 ― 坂本龍馬編

ボクが坂本龍馬に惹かれるワケ

幕末を語るとき、忘れてはならないのが坂本龍馬です。日本全国、どこを回ってみても龍馬はたいへんな人気です。でもじつは、幕末当時、坂本龍馬を知っていたのは、ごく一部の人たちにすぎませんでした。

その坂本龍馬が今のように有名になったのは、司馬遼太郎が『竜馬がゆく』を書いてからのことです。それまでは、龍馬は歴史の陰に隠れた無名な若者にすぎなかったのです。

だからといって、彼の魅力が色あせることはありません。

土佐藩の郷士《ごうし》の息子として生まれながら、命を懸けて脱藩し、日本を生まれ変わらせようと日本中を駆け巡った坂本龍馬……その人生に、ボクは決してつくりものではない、〝本物のロマン〟を感じます。日本全国に多くの龍馬ファンがいらっしゃいますが、みなさんもきっと同じ思いなのではないでしょうか。

坂本龍馬の立像写真　慶応２年（1866）ごろ、長崎の上野彦馬写真館で井上俊三が撮影したとされています。ちなみに井上は土佐藩の医者の息子で長崎遊学中に上野から写真術を学びましたが、上野のスタジオにはジョン万次郎も出入りしており、井上に写真の撮り方を指導していたといいます。

坂本龍馬の故郷　高知ガイド

坂本龍馬といえば、はるか太平洋を見すえている桂浜の銅像が有名ですが、町のあちこちに龍馬ゆかりの地が点在しており、ぶらり旅にはうってつけのエリアです。なかでも高知県立坂本龍馬記念館には、龍馬自身の手紙などさまざまな資料が展示されており、彼の生涯や人となりを理解することができます。

坂本龍馬像と桂浜

和服姿に懐手、ブーツ姿の龍馬像は、はるか太平洋の彼方を見つめている。像の高さは 5.3 m、台座を含めた総高は 13.5 m。

坂本龍馬誕生地

誕生地の碑は、高知城下本丁筋 1 丁目、現在の高知市上町 1 丁目上町病院前に建っている。

坂本家墓所

坂本家一族の墓所は、上町から北西に位置する通称「丹中山《たんちやま》」の中にある。龍馬の父母や姉の乙女らが眠っている。

龍馬が生まれたまち記念館

高知市上町２丁目に建てられている。誕生地である上町の歴史や文化、坂本家の家族や龍馬ゆかりの人物などについて、模型・映像・音声を交えながらわかりやすく紹介されている。

高知県立坂本龍馬記念館

戦国時代の長宗我部氏の城であり、江戸時代には山内氏が居城とした浦戸城跡（高知市浦戸城山）に建てられている。龍馬が姉の乙女にあてた「日本を今一度せんたくいたし申候事ニいたすべく」の手紙など貴重な史料が集められている。

【坂本龍馬年表】

和暦	西暦	できごと
天保6	1835	土佐国高知城下に、郷士・坂本八平の次男として誕生。
嘉永6	1853	江戸に出て、北辰一刀流の千葉道場に入門。 ペリー来航、龍馬も品川海岸で警備にあたる。 佐久間象山に入門。
嘉永7／安政元	1854	●日米和親条約締結 土佐に帰り、河田小龍から海外の事情を聞く。
安政2	1855	父・八平死去。
安政3	1856	剣術修行のため、ふたたび江戸へ。
安政5	1858	北辰一刀流長刀兵法目録を受け、帰国。 ●安政の大獄が起きる
安政7／万延元	1860	●桜田門外で井伊直弼が暗殺される（桜田門外の変）。
万延2／文久元	1861	武市瑞山らが土佐勤王党を結成。のちに龍馬も加盟。
文久2	1862	龍馬、沢村惣之丞と共に脱藩。江戸の千葉道場に寄宿。千葉重太郎とともに勝海舟の弟子となる
文久3	1863	勝海舟のとりなしで脱藩の罪が赦免

坂本龍馬人物年表

人物	生年月日
坂本龍馬	1835.11.15
（姉）坂本乙女	1832.02.02
楢崎龍	1841.06.06
岩崎弥太郎	1834.12.11
佐久間象山	181102.28
武市瑞山（半平太）	1829.09.27
久坂玄瑞	1840.05
沢村惣之丞	1843
勝海舟	1823
西郷隆盛	1828.12.07
桂小五郎（木戸孝允）	1833.06.26
高杉晋作	1839..08.20
中岡慎太郎	1838.04.13

年号	西暦	出来事
		される。
文久4／元治元	1864	神戸で勝の海軍塾の塾頭となる（ただし、12月にはふたたび脱藩の身となる）。京都の薩摩藩邸で西郷隆盛と会見。
元治2／慶応元	1865	長崎で亀山社中を結成。下関で桂小五郎と会談（薩長同盟を説く）。
慶応2	1866	薩長同盟成立。伏見の寺田屋で襲われ負傷。薩摩藩の船で大坂から鹿児島へ（お龍との新婚旅行）。下関海戦に参戦。高杉晋作と会談。
慶応3	1867	海援隊成立。いろは丸事件が起きる。船中八策を起草。龍馬と中岡慎太郎の立会いで、薩土盟約が成立。脱藩以来、最初で最後となる帰郷。京都・近江屋で中岡慎太郎と共に刺客に襲われ、凶刃に斃れる。
慶応4／明治元	1868	●明治新政府「新政府綱領八策」をもとに「五箇条の御誓文」を発布。

1867.11.15
1879.08.31
1906.01.15
1885
1864.07.11
1865. 閏 05.11
1864.07.19
1868.01.25
1899.01.19
1877.09.24
1877.05.26
186704.14
1867.11.17

京都で龍馬の足跡を追う

武田鉄矢さんの「龍馬愛」

ここで、いよいよ坂本龍馬《さかもとりょうま》の登場です。

龍馬というと、芸能界トップを走っているのが武田鉄矢さんです。芸能界では、龍馬を演じるときには、いちおう武田さんに筋を通しておこうという不文律（!?）があるほどです。

武田さんは、龍馬のことを心から慕っていますが、好きすぎて、ふだんから「坂本」と呼んでいます。

あるとき、武田さんと話していたら、唐突に「坂本がさぁ」と話しはじめました。ボクはしばらく、「俳優さんとか友だちとかの話なのかな」と思って聞いていたのですが、し

「熱烈龍馬愛」の武田鉄矢さん

近江屋跡　龍馬・慎太郎が暗殺された。

ばらく聞いているうちに、どうやら坂本龍馬のことらしいと気がついたので、「坂本って龍馬ですか?」と尋ねたら、「そう!!」って……。

また、武田さんの奥さんの〝龍馬愛〟もすごい！　じつは、武田さんと結婚する前から、京都に行くと龍馬の墓参りをしていたそうなんです。

武田さんはそれをのちに知るのですが、それを知ったときに「この人と結婚しようと思った」とおっしゃっていました。

それほどですから、武田家では、毎年、龍馬の命日に当たる一一月一五日にはお線香をあげて供養しているそうです。

龍馬暗殺の近江屋跡

それはさておき、ボクが最初に坂本龍馬の史跡巡りしたのは京都です。龍馬が暗殺された近江屋跡に、「坂本龍馬・中《なか》岡慎太郎《おかしんたろう》遭難之地」と刻まれた石碑が建っていると聞いて、

霊明神社　左の細い坂が龍馬坂。正法寺に続いており、幕末志士葬送の道とも呼ばれる。

それを見に行ったのです。

　今は木製の案内板もついて、整備されていますが、僕が行ったときは腰ぐらいの高さまである石碑がポツンと建っているだけで、合コンの待ち合わせの男女がそこに腰かけて待っていても不思議じゃないくらいの扱いで、「こんなのでいいのかな」と思ったほどでした。

　逆にいうと、それぐらい人通りの多い、ふつうの街中にあって、かつて、そこに建っていた近江屋という建物の二階で、あの坂本龍馬が暗殺されたのだと考えると、なんだか不思議な気になりますよ。

龍馬坂と京都霊山護国神社

　京都には、坂本龍馬の亡骸《なきがら》を運んだとされる坂「龍馬坂」もあります。二年坂（二寧坂）から、霊明社（現在の霊明神社、正法寺）へ向かう細い坂道がそうです。「幕末志士葬送

霊山護国神社　幕末期に活躍した維新の志士たちを奉祀するために、明治元年（1868）に「霊山官祭招魂社」として創立された。

の道」と書かれた案内標識が建てられていますが、近江屋で殺害された坂本龍馬と中岡慎太郎、それに龍馬の家来だった山田藤吉の亡骸を、海援隊や陸援隊の仲間たちが運んだのでしょう。

ボクが行ったときには、ほかにだれもいなくて、少し怖かったことを覚えています。

ちなみに、霊明社は、神道による葬式（神葬祭）を行っていたそうですが、神葬祭を進める長州藩の毛利家などと縁ができて、在京志士の葬送・祭祀の地とされていたそうです。

ということは、仏式の葬式がふつうだった当時としては珍しく、神道による葬式で見送られたわけです。

その後、坂本龍馬・中岡慎太郎・山田藤吉の墓は、明治元年（一八六八）に京都霊山護国神社《りょうぜんごこく》の霊山墓地中腹に建てられました。

この京都霊山護国神社は、霊明神社と違い、多くの観光客

龍馬の墓（左）**と中岡慎太郎の墓**（右）　京都霊山護国神社。

でにぎわっていました。龍馬と慎太郎の大きな墓石が並んでいて、その横に小さなお墓がもうひとつ建っています。それが、一緒に命を落とした山田藤吉の墓です。お墓参りに来る人はみんな、龍馬の墓ばかりに手を合わせていましたが、横にある藤吉の墓にも手を合わせてほしいと思いますね。

また、みんな龍馬の墓に、受験に合格しますようにとか、陸上大会で優勝できますようにとか、お願いしていますが、龍馬自身は、きっと「俺にいろいろお願いしてくるけど、神様じゃないし……」と困っているかも！

まあ、龍馬なら、それでもにこにこ笑って、「そうか、俺にそんなことお願いしにきたのか」と笑ってくれそうなイメージもありますし、そんなところに、みんな魅かれるのかもしれませんね。

ところで、龍馬の墓と同じ敷地には、長州藩の志士たちの墓も建てられています。ボクは、みんな、龍馬の墓だけを見

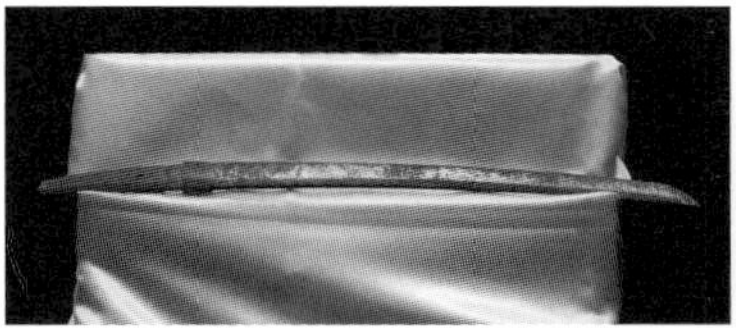

坂本龍馬を斬ったとされる刀　刀長42.1cmの脇差。刀身には刃こぼれが残る。

霊山歴史館　坂本龍馬・中岡慎太郎ら志士約400柱が眠る霊山のふもとにある。

て帰るんじゃなく、そうした志士たちの墓にも手を合わせてほしいと思います。

　また、龍馬の墓を見に来る人のなかには、自分自身の先祖の墓参りに行っていない人も少なくないと思いますが、これは自戒もこめてですけど、自分の先祖の墓参りに、少なくとも年に一回か二回は行くべきだと思います。

　京都霊山護国神社の近くには、「霊山歴史館」もあります。そこには、ほんとうかどうかわかりませんが、龍馬を斬ったとされる刀も展示されています。長さ四二・一センチ、反り〇・八センチの日本刀は、「こんなんで斬られたら、ほんとに命がなくなるな」と実感できる迫力です。

　この刀は、京都見廻組《みまわりぐみ》の桂早之助《かつらはやのすけ》が持っていたもので、のちに桂家から霊山歴史館に寄贈されたものです。そのほか、佐々木只三郎《ささきただぶろう》の血染めの鎖帷子《くさりかたびら》、近藤勇の鎖帷子などもあるので、興味のある方は足を運んでみるといいでしょう。

楢崎龍　左は古くからお龍の若き日の写真とされてきたが、近年、別人説が有力となっている。右は明治37年12月15日に『東京二六新聞』ではじめて公表された写真で、こちらは間違いなくお龍だとされている。

龍馬とお龍の出会い

さて、話は前後しますが、坂本龍馬とともに人気があるのが「お龍《りょう》」こと楢崎龍《ならさきりょう》です。彼女は天保一二年（一八四一）六月六日、中川宮《なかがわのみや》（久邇宮朝彦《くにのみやあさひこ》親王）の侍医・楢崎将作《しょうさく》の長女として京都富小路《とみのこうじ》六角付近で生まれたとされています。

一家は裕福でしたが、頼三樹三郎《らいみきさぶろう》らと交流するなど熱心な尊王攘夷派だった父が、安政五年（一八五八）の「安政の大獄」で六角獄舎（現在の中京区六角通り付近）に投獄され、赦免《しゃめん》後の文久二年（一八六二）に病死すると、たちまち困窮してしまいます。

そんな一家を支えたのがお龍でした。たとえば、母親がだまされて、妹が島原の舞妓に、もうひとりの妹が大坂の女郎に売られると知ったとき、お龍が着物を売って金をつくり、大坂まで行って男二人を相手に、刃物を懐にしのばせて、「殺せ、殺せ、殺されにはるばる大坂に来たんだ。これはお

殉難勤王志士忠霊塔　六角獄舎跡に建つ。

もしろい、殺せ！」と啖呵《たんか》を切って、無事に妹たちを取り返したという武勇伝も残っています。

そのお龍と龍馬がはじめて出会ったのは、元治元年（一八六四）の五月～六月ごろのことだったとされています。

当時、龍馬は、土佐を脱藩した仲間たち（主として天誅《てんちゅ》組《うぐみ》の残党）と、三十三間堂《さんじゅうさんげんどう》の南側の河原屋五兵衛の隠居処に隠れ住んでいました。

そこで住み込みで働いていたのがお龍の母と妹でした。お龍は近くの旅館で働いていましたから、たびたび母を訪ねているうちに龍馬と出会うことになったというのです。

龍馬はお龍をすっかり気に入り、母親の了解を得て、同年八月一日、内祝言《ないしゅうげん》を挙げました。

そしてその後、お龍は寺田屋の女将・お登勢《とせ》に預けられることになります。ちなみに、お登勢は世話好きで、龍馬をはじめとして幕府からにらまれていた尊王攘夷派の志士たちの

寺田屋女将お登勢　面倒見のよかった彼女は明治一〇年まで生き、今は寺田屋に程近い伏見松林院に眠っている。

面倒を見たことで知られていますが、お龍を養女として扱い、お龍の母に仕送りまでしていたそうですから、ものすごく情に厚い人だったのでしょう。

京都柳馬場《やなぎのばんば》三条下ルには、「お龍の実家 楢崎家跡」の碑や「お龍 独身時代 寓居《ぐうきょ》跡」の碑などが建てられています。また、金蔵寺跡には「坂本龍馬 お龍 結婚式場跡」の石碑が建っています。

危うく難を逃れた寺田屋事件

文久二年（一八六二）に薩摩藩急進派有馬《ありま》新七《しんしち》以下九名が、同じ薩摩藩藩士によって粛清された「寺田屋騒動」が起きていますが、慶応二年（一八六六）一月二三日には、その寺田屋で、坂本龍馬が伏見奉行所の捕方《とりかた》に襲われるという事件が起きました。

そのとき龍馬は、京都で薩長盟約を斡旋《あっせん》するために活動し

寺田屋　鳥羽伏見の戦いで罹災し、焼失した。現在の建物はその後再建されたものである。

ており、長州藩の三吉慎蔵《みよししんぞう》らと、薩摩藩士を名乗って寺田屋に宿泊していましたが、同日深夜二時ごろ、伏見奉行が派遣した捕方三〇人ほどに取り囲まれます。

それにいち早く気づいたのは、入浴中だったお龍です。お龍は、そばにあった袷《あわせ》を一枚羽織ると（裸のままという説もある）、すぐさま裏階段を二階へと駆け上がり、龍馬たちに危機を知らせます。

踏み込んできた捕方を前に、龍馬は高杉晋作からもらっていた拳銃で、三吉慎蔵は手槍で応戦して、捕方2名を射殺、数名を殺傷します。しかし、龍馬は取り方が振るった刀で両手の親指を負傷したため、三吉慎蔵とともに裏階段から庭に出て、隣家の雨戸を破って裏木戸から脱出します。

このとき、お龍が裏木戸の漬物槽をどかしたとも言われています。

そして、龍馬と慎蔵の二人は、五〇〇～六〇〇メートルを

竜馬とお龍新婚湯治碑　龍馬がお龍を連れて霧島を訪れ、塩浸温泉（霧島市牧園町宿窪田）に宿泊したことを記念して塩浸温泉龍馬公園に建てられた。

駆け抜け、濠川《ほりかわ》に出て水門を抜け、材木納屋に身を隠します。そのとき慎蔵は、「もはやこれまで」と切腹しようとしますが、龍馬はそれを押し止め、伏見薩摩藩邸に救援を求めに行くように命じたといいます。その後、龍馬は、薩摩藩の川船で救出され、薩摩藩伏見屋敷に向かったそうです。

また、龍馬救出の報告を受けた西郷隆盛《さいごうたかもり》は、すぐに軍医を派遣して、薩摩藩邸で治療させ、翌日には伏見奉行所から「坂本龍馬を引き渡せ」と要求されますが、それを拒否しています。

その後、龍馬はふたたび伏見の藩邸に戻りますが、その龍馬に、西郷は薩摩藩内で湯治することを勧めます。かくして、龍馬はお龍と薩摩に行って静養することになりましたが、この薩摩への旅は、〝日本初のハネムーン〟だったとされています。

寺田屋の柱に残る刀傷　寺田屋が消失し再建されたとき、焼け残った柱なのか？

人気のスポットとなっている寺田屋

その寺田屋は、今も京都市伏見区南浜町で宿屋として営業をつづけ、人気のスポットとなっています。もちろん、ボクも泊まりに行ったことがあります。

二階に上がると、龍馬がつけたという刀傷みたいなのが柱についていました。説明してくれた人に、ボクが、「どれが龍馬の刀傷ですか」と聞いたら、「私はこれだと聞いています」と片方の傷を示してくれました。しかし、すぐにもうひとつの傷を示して、「でも、先代のほうはこっちと言っていました」って……。

そこで、ボクが、「そうやって刀傷の説明変わるんですか」って聞いたら、「変わることがあるんです。私もほんとはどれなのか、わからない」という返事でした。もう一〇〇年以上も経っていますから、みんななんとなく説明しちゃっているのでしょうね。

寺田屋の龍馬の部屋　部屋にかけられている龍馬像は、寺田屋の女将お登勢が町の画家に描かせたものとされる。

武田鉄矢さんも、寺田屋に泊まりにいったことがあるそうです。そのとき、武田さんが泊まっていることを聞きつけた島田紳助さんが、夜、寺田屋にやってきて、外から「龍馬、斬りにきたぞ！」と叫んで遊んだとか……。

ボクは、「紳助さんもずいぶん粋なことするな。そんなことをされたら、武田さんも相当興奮しただろうな」と思いながら、その話を聞いたものです。歴史を感じたり、語り継ぐということは、そういうことだと思います。

また、寺田屋の近くには「竜馬通り商店街」という小さな商店街があるんですが、そこのお寿司屋さんで「龍馬寿し」と銘打ったサバ寿司を食べました（残念ですが、そのお寿司屋さんはもう閉店しているようです）。

ボクがお店のご主人に、「龍馬は、この龍馬寿しを食べたんですか？」と聞いたら、「いや、これは勝手につくったウチのオリジナルです」というご返事。ボクが「なるほどそう

竜馬通り商店街　寺田屋の近くにあり、多くの観光客が訪れる。

いうことですか」と苦笑いしていたら、武田さんが、「さすがは龍馬だ！」と言うんです。

「何がさすがなんですか？」と聞き返すと、こんな返事が返ってきました。

「龍馬は、今なおこうして無関係の人たちを食べさせている。龍馬の名前をつけた商店街をみんなが勝手にはじめて、龍馬グッズのお土産つくっている。京都の観光も長崎の観光もそうだけど、今なお坂本龍馬って人間が大勢の人間を食わせてるっていうことに、俺は本当に感激している！　さすが龍馬は商人の血が入っている。今なおこんだけ飯食わせている歴史上の人物はなかなかいないよ」。

言われてみればそうなんです。京都はもちろんのこと、生まれ故郷の高知に行っても、広島に行っても、山口に行っても、長崎に行っても、坂本龍馬の名がなんらかの形で生きつづけているんです。これはすごいことだと思いませんか。

土佐の龍馬から日本の龍馬へ

坂本龍馬の少年時代

坂本龍馬は、天保六年（一八三五）一一月一五日、土佐国土佐郡上街本町（現在の高知市上町一丁目）の土佐藩郷士《ごうし》の家に生まれました。兄と三人の姉がいました。

海援隊の面々と坂本龍馬　左から二人目が龍馬とされている。

坂本家は豪商「才谷屋」の分家で、身分こそ下士《かし》でしたが、かなり裕福で、しかも父は、土佐において敵《かな》う者なしと言われるほどの槍《やり》の大家だったとされています。その生誕の地には、「坂本龍馬誕生地」と刻まれた石碑が建っています。

龍馬が一〇歳のときに母が死去し、後妻に養育されます。一二～一三歳ぐらいまで、オネショの癖が抜けなかったと伝えられていますが、一二歳になったころから土佐藩の剣術導

坂本家系図

坂本直足 ＝ 幸

権平
千鶴
栄
乙女
龍馬

近藤長次郎　幼少期から聡明で山内容堂に認められた。

役だった日根野弁治《ひねのべんじ》の道場に通い、嘉永六年（一八五三）には「小栗流和兵法事目録」を得ています。

そしてその直後に、剣術修行のため江戸に自費遊学して、桶町（現在の東京都中央区八重洲）にあった北辰一刀流《ほくしんいっとうりゅう》の千葉道場の門人となりました。

ペリーが浦賀沖に来航したのは、同年六月のことですが、そのときには、龍馬も品川の土佐藩下屋敷の守備に駆り出されています。また、一二月一日には佐久間象山《さくましょうざん》の塾にも入門、数か月のあいだですが、西洋軍学を学びました。

翌年六月、龍馬は土佐に戻ります。そして、『漂巽紀略《ひょうそんきりゃく》』を書いた河田小龍《かわだしょうりゅう》を訪ね、ジョン万次郎によってもたらされた世界の最新情報に触れました。またそこで、のちに海援隊創設の同士となる近藤長次郎《こんどうちょうじろう》や長岡謙吉《ながおかけんきち》を紹介されます。

翌年一二月、父が他界し、兄の権平が跡を継ぐと、龍馬はふたたび江戸に剣術修行に出ます。このときは、遠縁の武市《たけち》

長岡謙吉　龍馬の死後、海援隊の２代目隊長に。

久坂玄瑞　長州藩における尊王攘夷派の中心的人物。

半平太《はんぺいた》らとともに、築地の土佐藩邸中屋敷に寄宿していましたが、安政五年（一八五八）には北辰一刀流長刀兵法目録を与えられ、土佐に戻ります。

そして、文久元年（一八六一）に「挙藩勤王」、つまり藩を挙げて勤王をめざす武市半平太が組織した「土佐勤皇党」に加わり、脱藩することになるのです。

坂本龍馬と萩

坂本龍馬は、山口県の萩にも足跡を残しています。龍馬が萩を訪ねたのは、文久二年（一八六二）一月一四日のことです。そのとき龍馬は、土佐勤皇党の一員として動いていましたが、リーダーだった武市半平太の手紙を長州藩の久坂玄瑞《くさかげんずい》に届けるという任務を帯びていました。

玄瑞は、松下村塾に学び、松陰先生から「防長《ぼうちょう》（周防と長門）年少中第一流」と絶賛された秀才でしたが、松陰先生を

旧有備館　長州藩の藩校である明倫館の剣道場だった。

沢村惣之丞　龍馬と脱藩、海援隊に参加。

失って以来、師の「志」を継ごうと、尊王攘夷運動に奔走していました。このとき、玄瑞と龍馬が会ったとされている宿は、松陰神社のすぐ隣にあります。龍馬は松下村塾を案内され、玄瑞から、「俺たち、ここで松陰先生に教わっていたんだよ」などと話を聞かされたことでしょう。

龍馬は、この萩滞在中に長州藩の藩校「明倫《めいりん》館《かん》」の剣道場「有備《ゆうび》館《かん》」で玄瑞ら松下村塾生とワラ束を斬ったり、少年剣士と試合をしたりしたといいます。その道場は今も残っており、敷地の一部は萩市立明倫小学校になっています。

いずれにしても、草莽崛起という松陰先生の思想を、弟子の玄瑞を通じて受け取ることとなります。

龍馬の萩滞在は、一月二三日までつづきましたが、萩から土佐に帰った龍馬は、三月二四日の夜、のちにともに勝海《かっかい》舟《しゅう》の弟子となる沢村惣之《さわむらそうの》丞《じょう》と高知を飛び出します。脱藩するためでした。

幕末探検隊 レポート⑥

坂本龍馬脱藩の道

坂本龍馬と沢村惣之丞の二人は、高知を出た翌三月二五日の夕方には檮原村《ゆすはら》（現在の高知県高岡郡檮原町）の那須俊平《なすしゅんぺい》邸に宿泊した。そして二六日、俊平とその息子の案内で、土佐と伊予の国境である韮ヶ峠《にらがとうげ》を越えて伊予に入り、大洲《おおず》領の泉ヶ峠に宿泊する。現在、檮原町の「川西路地区構造改善センター」の広場には、坂本龍馬・那須俊平父子など、檮原町にゆかりの勤王の志士八人を讃えた群像「維新の門」が建てられている。

二七日、那須父子と別れた龍馬と惣之丞は、船で小田川と肱川《ひじかわ》を下り、大洲城下を経て、夕方には長浜村の冨屋金兵衛《とみやきんべえ》宅に到着した。この冨屋金兵衛は、代々紺屋を営む豪商で、商売のかたわら、勤王派志士たちを援助していたことで知られる人物である。現在は「冨屋金兵衛邸」という宿屋になっており、資料展示室も開設されている。

二人は、翌二八日、海路、長州の三田尻《みたじり》（防府市）に向かう。目的地は、薩摩藩の御用達商人で、尊王攘夷の志士たちを援助していた白石正太郎宅だった。龍馬らが、その白石宅に到着したのは、四月一日のことである。

それにしてもなぜ、龍馬は唐突に脱藩に踏み切ったのか？　萩市観光協会のホームページ「龍馬立志の萩」という記事によれば、「その謎を解く鍵は、龍馬に託された武市あての久坂書簡」にあるという。ここで久坂は、「欧米列強が侵略の魔の手を日本にのばしているときに、藩なんてどうでもいいではないか、大局観を持て」と煽《あお》るのである。

久坂がここまで過激になったのは、武市が一藩勤王（土佐藩を勤王で一本化すること）に固執していたからだ。しかし考えを変えられなかった武市は、やがて土佐藩から弾圧を受け三年後に切腹させられる。

いっぽう、龍馬はどこかで武市の路線に限界を感じていたのだろう。久坂を通じ、「草莽崛起論」に触れるや、たちまち脱藩したのだ。それを知るや武市は、「龍馬は土佐にはあだたぬ奴じゃ」と言ったと伝えられる。「あだたぬ」とは、納まり切らぬという意味だという。時に龍馬二八歳。松陰が三〇歳で処刑されたことを思えば、遅咲きだったと言えるかもしれない。

いずれにしても、過激路線一直線の武市半平太と一線を引くようになった龍馬は、幕府の政事総裁職松平春嶽に紹介状をもらい、勝海舟に弟子入りすることとなったのである。

龍馬の姉乙女　剣術・馬術・弓術・水泳などの武芸や、琴・三味線・舞踊・謡曲・経書・和歌などの文芸にも長けていたという。また、身長五尺八寸（約一七五センチ）・体重三〇貫（約一一二キロ）と大柄で、母が死去すると龍馬の母親代わりを務め、龍馬もまた乙女を深く信頼していた。

勝海舟と坂本龍馬

坂本龍馬は勝海舟に心服していたようで、姉の乙女《おとめ》への手紙のなかで、海舟を「今にてハ日本第一の人物勝憐太郎殿という人にでしになり」と紹介し、自分が海舟の弟子として神戸で海軍操練所の開設のために働いていることを自慢しています。

海舟もまた、そんな龍馬を高く評価しており、土佐藩藩主の山内容堂《やまうちようどう》を取り成して、龍馬の脱藩の罪を赦免させたことは二二ページで書いた通りですが、龍馬の動きが目まぐるしくなってくるのは、このあたりからです。

また龍馬は、文久三年六月二九日に、やはり姉・乙女あてに「日本を今一度せんたくいたし申候」という手紙を書いています。

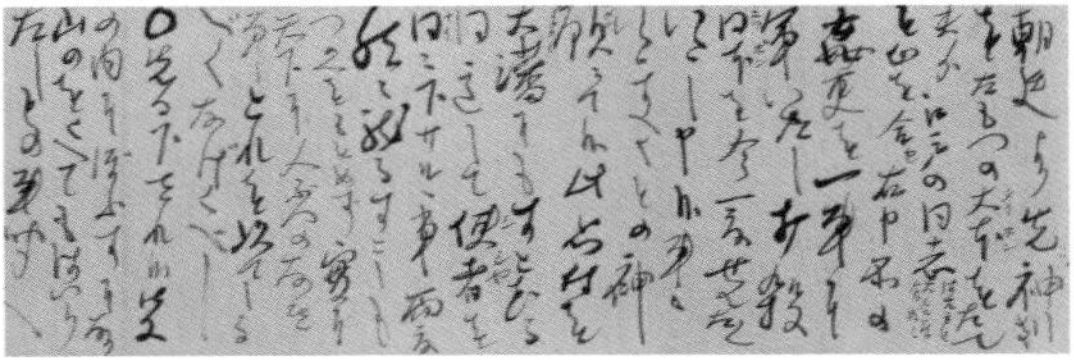

龍馬が姉の乙女に宛てた手紙（複製） 高知県立坂本龍馬記念館蔵。

武市半平太 須崎市浦ノ内須ノ浦に建立。

ふたたびの脱藩

少し話は遡りますが、土佐では、文久二年（一八六二）四月八日、武市半平太の指令を受けた土佐勤王党によって、吉《よし》田《だ》東洋《とうよう》が暗殺されるという事件が起きていました。吉田東洋は、土佐藩主山内容堂に抜擢され、藩の改革に乗り出していましたが、保守的な門閥勢力や尊王攘夷を唱える半平太にとっては、まさに討つべき存在だったのです。

そして、この吉田東洋の暗殺で、半平太率いる土佐勤王党は一気に勢いを増すこととなり、京都でも影響力を増していきます。この時期、京都では過激な尊王攘夷派による「天誅」「斬奸《ざんかん》」と称する暗殺が横行しますが、その多くに半平太が関与していたとされています。

しかし、翌文久三年になると、半平太らが藩を主導していることに不満を抱いた容堂が実権を取り戻すべく動き出し、吉田東洋暗殺の下手人の探索を命じると同時に、土佐勤王党

吉田東洋　藩政改革に尽力した。

吉村寅太郎　土佐勤王党誅組を組織して大和国で挙兵。

の粛清に乗り出し、半平太らに土佐に帰るように命じます。

そのとき半平太は、なんとか薩長和解調停案を成功させようとしていました。そして、「土佐への帰国は命の危険がある。帰国せずに脱藩して長州へ亡命するように」という長州藩士久《く》坂《さか》玄《げん》瑞《ずい》の勧めを振り切り、土佐勤王党の同志たちに「諫死《かんし》の決心を以て一藩勤王の素志を貫徹すべきである」と言い残して土佐へと戻ります。

折から、土佐勤王党の一員だった吉《よし》村《むら》寅《とら》太《た》郎《ろう》が「天誅組」を組織、同年八月一七日に大和国で挙兵します。孝明天皇みずからに軍を率いてもらい、幕府を倒したうえで攘夷を決行しようという企てでしたが、「八月一八日の政変」で佐幕派となって手を組んだ薩摩藩と会津藩により、倒幕をめざしていた長州藩勢力は京都から一掃されてしまい、寅太郎ら多くの土佐脱藩志士が討ち死にしてしまいました。

その結果、土佐藩内の空気は一転、土佐勤王党の影響力は急激に衰え、公武合体派が主導権を握るようになります。

それを見ていた容堂は、九月二一日には、半平太を投獄。その後、京都に残っていた岡田以蔵《おかだいぞう》が捕縛され、京や大坂での天誅事件への関与やその実行者の名を自白したことで、半平太への取り調べもきびしさを増していきました。慶応元年（一八六五）閏五月一一日、容堂は証拠不十分のまま、「主君に対する不敬行為」という罪目で半平太に切腹を命じました。

ちょっと前置きが長くなりましたが、半平太に帰国命令が出されたのと同じ時期に、江戸にいた龍馬をはじめとする元土佐勤王党に帰国命令が出されていました。

そこで海舟は、土佐藩に対して、龍馬らの国許召喚を延期してほしいという嘆願書を書いています。文久三年一二月六日のことでした。龍馬は、二か月ほど前に神戸海軍勝塾の塾頭を命じられたばかりで、それどころではなかったのです。

しかし、土佐藩はそれを拒否、龍馬は自動的に脱藩したこと

長崎市亀山社中記念館　当時の建物に限りなく近い形に改修・復元した。

になってしまいました。

このときはもう、龍馬の頭のなかには、土佐藩がどうのこうのという意識もなかったのかもしれません。そして土佐藩から離れた龍馬は、ますます活動の場を広げていきます。

元治元年（一八六四）二月九日、海舟は前年からつづいていた長州藩による関門海峡封鎖の調停のために長崎出張の命令を受け、龍馬もこれに同行しています。前述したお龍との出会いは、このころのことでした。

亀山社中誕生と薩長盟約

坂本龍馬が組織した日本初の商社「亀山社中」の遺構を長崎市が整備して公開しているのが、武田鉄矢さんが名誉館長を務める「長崎市亀山社中記念館」です。

館内には、龍馬の写真をはじめ、秘書役だった長岡謙吉が書いた海援隊日誌、龍馬が姉乙女《おとめ》にあてて書いた手紙、龍馬

龍馬のぶーつ像　亀山社中記念館のすぐ近くにあり、観光客の人気となっている。

が愛用したブーツや黒地羽二重《はぶたえ》の紋服のレプリカなどが展示されています。

また、亀山社中記念館のすぐ近くにある「龍馬のぶーつ像」も笑えます。ブロンズ製の舵輪《だりん》とブーツが並べられており、実際にブーツに足を入れられるようになっています。

あるいは、口コミで人気となっている施設もあります。「亀山社中資料展示場」という施設ですが、こちらは「亀山社中を活《い》かす会」という地元の有志の方々による任意団体が運営しており、会員たちが集めた古写真などが展示されています。

それはさておき、亀山社中は、長崎のグラバー商会などと取引して、武器や軍艦などの兵器を薩摩藩名義で購入して長州へ渡すなどの斡旋《あっせん》を行い、「八月一八日の政変」以来、敵対関係にあった薩摩と長州の関係修復のために働きます。

その結果、慶応二年（１８６６）一月二一日には、薩摩藩

小松帯刀　幕末の薩摩藩家老。藩政改革にあたると同時に、薩長同盟・大政奉還などを進めるうえで大きな役割を果たした。

桂小五郎　京都市・河原町御池上ルに所在。

士小松帯刀《こまつたてわき》の屋敷（京都市上京区）で、薩摩の西郷吉之助（隆盛）と長州の桂小五郎《かつらこごろう》（木戸《きど》孝允《たかよし》）による「薩長盟約」が締結されることになり、明治維新へのスピードが加速することとなりました。

また、同年の第二次長州戦争のときには、長州藩の軍艦「ユニオン号」で下関海戦に参加し、幕府軍を相手に戦って長州の勝利に大きく貢献しています。ちなみに、この第二次長州征伐の最中に幕府軍総司令官の将軍徳川家茂《とくがわいえもち》が亡くなったことは前述したとおりです。

こうなると、土佐藩も、龍馬をないがしろにしておくわけにはいきません。慶応三年一月一三日の、土佐藩の参政《さんせい》（家老の異称。実質的な藩行政責任者）となっていた後藤象二郎《ごとうしょうじろう》と龍馬の会談を経て、龍馬らの脱藩が赦免《しゃめん》されることとなり、亀山社中を土佐藩の外郭団体的な組織とすることが決まり、その後、名前も「海援隊」に改められました。この海援隊時

鞆の浦　いろは丸沈没事件が起きた。
撮影：ビビる大木

後藤象二郎　維新後、大阪府知事や参与などの要職に。

代に起きたおもしろい事件があります。「いろは丸沈没事件」です。

いろは丸沈没事件

慶応三年（一八六七）四月二三日の夜、大洲《おおず》藩籍で海援隊が運用していた蒸気船「いろは丸」が、備後国の鞆《とも》の浦《うら》（現在の広島県福山市）の沖で紀州藩船「明光丸《めいこうまる》」と衝突。「いろは丸」は大きく損傷して沈没してしまいます。

そのとき龍馬が持ち出したのは、『万国公法』（当時の国際法解説書）でした。本当のことをいえば、面舵《おもかじ》を取って衝突を回避する義務は「いろは丸」のほうにあったのですが、紀州藩側が国際法をよく知らないことをいいことに、「明光丸」の過失をきびしく追及、さらには「船を沈めたその償いは金を取らずに国を取る」という歌詞入り流行歌を流行《はや》らせるなどします。

対潮楼　窓の外には、仙酔島や弁天島が浮かぶ鞆の浦が…。

いろは丸展示館　いろは丸が積んでいた石炭をお土産に買いました（ビビる大木）。

そして、最終的には薩摩藩士五代友厚《ごだいともあつ》に調停してもらい、紀州藩に、「いろは丸」が積んでいたという銃・金塊・陶器などの代金八万三五二六両を賠償金することを認めさせたのです。

その後の交渉の結果、七万両まで減額していますが、請求した八万三五二六両は海援隊の言い値であり、じつは積み荷の金額はそれほどではなかったのではないかとも言われています。

このいろは丸沈没事件の舞台となった鞆の浦は風情ある港町として知られ、映画『崖の上のポニョ』の舞台、ドラマ『流星ワゴン』のロケ地となった場所であり、また奈良時代、戦国時代、幕末などにも登場する魅力あふれる観光名所です。

この鞆の浦には、潜水調査によって引き揚げられた遺物が紹介されているほか、沈没状況が原寸七〇パーセントの大ジオラマで再現されている「いろは丸展示館」や、交渉の場と

吸江庵跡　かつて吸江庵があった吸江寺。今は吸江庵址碑が建つばかり。高知市吸江 132。

なった「対潮楼《たいちょうろう》」、そして龍馬の宿泊跡「桝屋清右衛門宅」があって、必見のスポットとなっています。

ちなみに、これまでの潜水調査では、朱や鮫皮《さめがわ》などの交易品は見つかったものの、龍馬らが主張した銃火器や金塊などはまったく確認されていないとか……。まことにみごとな商人ぶりですね。

大政奉還から一か月後の龍馬の死

坂本龍馬は、慶応三年（一八六七）九月二九日、蒸気船「震天丸」で土佐に帰郷します。そして混乱する土佐藩の藩論をまとめようと、五台山の吸江庵《ぎゆうこうあん》で藩の重役と会談するなど、大政奉還実現のため奔走しました。

その甲斐もあってか、一〇月三日には、山内容堂が「大政奉還の建白書」を徳川慶喜に提出します。すると、それを受けた慶喜は、加速する倒幕の流れを食い止めるために、一〇

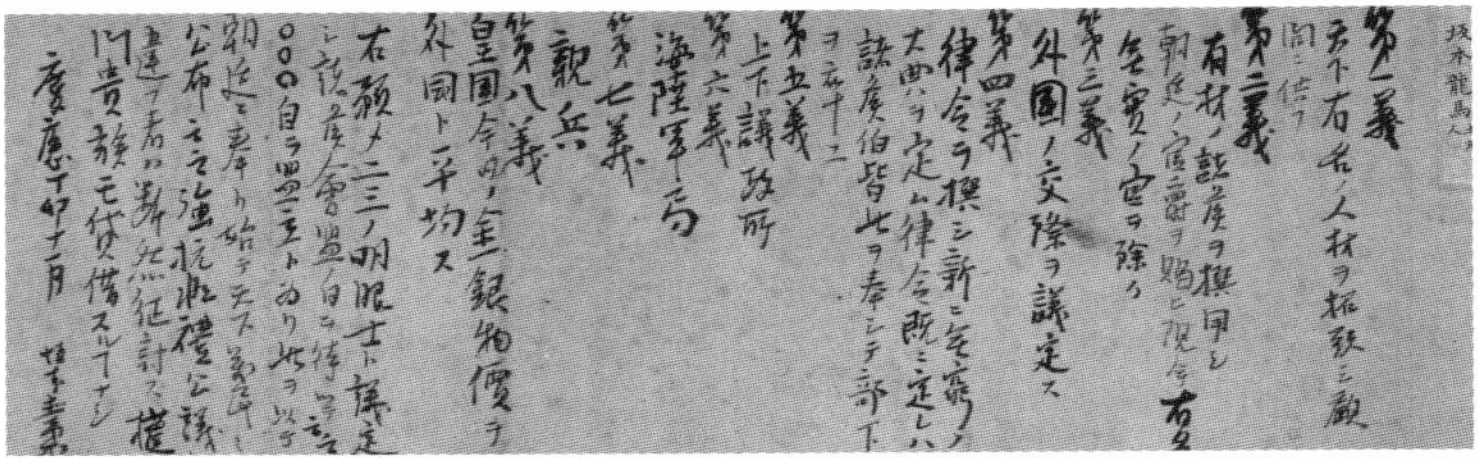

新政府綱領八策　「船中八策」にもとづいて坂本龍馬が起草した。

月一四日、先手をうって大政奉還を願い出ます。なんとか徳川家を生き延びさせるためでした。

この慶喜の申し出を受け、翌一〇月一五日には、慶喜を加えて開催された朝議の結果、大政奉還が実現することとなりました。まさにこのとき、龍馬の「日本を今一度せんたくいたし申候」という夢の実現の第一歩がはじまったといえるでしょう。

一一月上旬、龍馬は「新政府綱領八策」を書き上げます。それは「船中八策」を基にし、さらに発展させたものでした。しかし、一一月一五日、夢半ばにして、京都の近江屋で凶刃に倒れることになったのです。大政奉還が実現して、わずか一か月後のことでした。

ビビる大木の幕末ひとり旅

第五章 ― 西郷隆盛編

ボクが西郷隆盛に惹かれるワケ

西郷隆盛は、故郷の鹿児島では、それこそ無条件と言っていいほど敬愛されています。およそ西郷さんの悪口をいう人には出会ったこともありません。今でこそ、少なくなったそうですが、かつては、西郷さんの肖像画や彼の座右の銘である「敬天愛人《けいてんあいじん》」の額を飾っていた家が多かったといいます。鹿児島県人は無条件で西郷さんが好きなのです。

それに対して、西郷さんや山口県出身の木戸孝允《きどたかよし》と並んで明治維新の三傑に数えられる大久《おおく》保利通《ぼとしみち》は、同じ鹿児島出身であるにもかかわらずあまり人気がありません。大久保利通のおみやげグッズを目にするようになったのもここ一〇年ほどのことです。

その差はいったい何なのか……。ボクは西郷さんがたどった波乱の人生に、その秘密があるのではないかと思います。

西郷隆盛肖像画　西郷隆盛の写真は残されていないとされています。なにしろ写真を撮られるのが大嫌いだったとか。この肖像画は、エドアルド・キヨッソーネが西郷隆盛の従兄弟や兄弟の写真を元に描いたもので、本人にもっとも似ているとされています。

西郷隆盛の故郷　鹿児島ガイド

明治維新において薩摩藩（鹿児島）が果たした役割は見逃せません。そのなかでも西郷隆盛の存在は非常に大きなものでした。その西郷隆盛をはじめとする維新にかかわった偉人たちの銅像が、鹿児島市内のあちこちに立てられています。そんな銅像を訪ね歩くのも一興ですよ。

大久保利通像

没後100年を記念して昭和54年（1979）に中村晋也によって制作された。彼が生まれ育った加治木町に建てられている。

西郷隆盛像

鹿児島市立美術館近くに立つ軍装（陸軍大将）の西郷さんの像。安藤照が昭和12年（1937）に、隆盛の孫隆治氏をモデルに作成したとされる。鹿児島県民にとってはもっとも親しみのある西郷像だ。

島津斉彬像

西郷隆盛が敬愛してやまなかった主君の像は、鹿児島市の照国神社内に建てられている。大正6年（1917）に朝倉文夫によってつくられた。

若き薩摩の群像

鹿児島中央駅東口広場に建つこの群像は、五代友厚・森有礼ら、薩摩藩がイギリスへ派遣した留学生一行の像で、昭和57年（1982）に建てられた。彼らが西郷隆盛の跡を継ぎ、明治維新で果たした役割は大きい。

天璋院篤姫像

黎明館の敷地内に建つ。

東郷平八郎像

鹿児島市清水町の多賀山公園に建つ。イギリス留学からの帰国途上、隆盛が西南戦争で自害したと知った東郷は、「もし私が日本に残っていたら西郷さんの下に馳せ参じていただろう」と、西郷の死を悼んだという。

【西郷隆盛年表】

和暦	西暦	できごと
文政11	1828	薩摩国鹿児島城下加治屋町に下級藩士・西郷九郎隆盛の長男として誕生。
天保12	1841	元服して吉之助を名乗る。
嘉永4	1851	●島津斉彬、薩摩藩主となる。
嘉永5	1852	須賀と結婚。この年、父・母死去。
嘉永6	1853	●ペリー艦隊、浦賀に来航。
嘉永7／安政元	1854	斉彬の江戸参勤に際して江戸詰に任ぜられ、江戸に赴く。
安政3	1856	●第13代将軍家定と斉彬の養女篤姫が結婚。
安政4	1857	斉彬の密書を越前松平慶永に届け、橋本左内らと一橋慶喜擁立を協議。
安政5	1858	●斉彬急死。 月照和尚とともに入水するが、西郷のみ生きながらえる。 幕府の目から身を隠すため、藩から奄美大島潜居を命じられる。
安政6	1859	愛加那と結婚。
文久2	1862	島津久光の命令で、鹿児島へ。 京都焼き討ち・挙兵の企てを止めようと試みたことで久光の怒りを買う。大島吉之助と改名、徳之島へ遠島。その後、沖永良部島に送られる。

西郷隆盛人物年表

人物	生	没
西郷隆盛	1828.12.07	
島津斉彬	1809.03.14	1858.07.16
島津久光	1817.10.24	
月照	1813	1858.11.16
大久保利通	1830.08.10	
東郷平八郎	1848.12.22	
山本権兵衛	1852.10.15	
愛加那	1837	
坂本龍馬	1836.11.15	
勝海舟	1823	
有馬新七	1825.11.04	1862.04.23
桐野利秋	1839	
別府晋介	1847	

文久4／元治元	1864	大久保利通・小松帯刀らの働きかけで、西郷の赦免召喚が実現。禁門の変で長州勢を撃退。大坂で勝海舟と会談。征長軍参謀に任命される。イトと結婚。
慶応2	1866	桂小五郎と薩長提携六か条を密約。●将軍・徳川家茂が大坂城で病死。
慶応3	1867	●島津久光、藩兵700名を率いて上京。坂本龍馬・後藤象二郎らと会談、薩土盟約が成立。●大政奉還。
慶応4／明治元	1868	●王政復古の大号令、鳥羽・伏見の戦い（戊辰戦争）始まる。勝海舟と江戸城明渡しについて交渉、江戸城無血開城を実現。
明治2	1869	●箱館・五稜郭の開城で戊辰戦争が終結。この年はじめて隆盛を名乗る。
明治3	1870	鹿児島藩大参事に任命される。
明治4	1871	●廃藩置県。
明治6	1873	征韓論争に敗れ、下野（明治6年の政変）。
明治7	1874	私学校を創設。
明治10	1877	西南戦争。9月24日、城山で自決。

隆盛を生んだ鹿児島へ

隆盛が生まれた加治屋町

ここまでにも何度も登場してきましたが、幕末史を語るときに避けて通れないのが、薩摩藩の西郷隆盛《さいごうたかもり》（通称：吉之助）でしょう。彼は、文政一〇年（一八二七）一二月七日、鹿児島城下加治屋町で、御勘定方小頭の西郷九郎隆盛（のちに吉兵衛隆盛に改名）の第一子として誕生しました。

隆盛誕生の地　隆盛と弟従道が青年時代までを過ごした場所。鹿児島市加治屋町。

　その西郷の誕生の地はJR鹿児島中央駅のすぐ近くですが、現在は公園になっていて、明治二二年（一八八九）に建てられたというりっぱな石碑が鎮座しています。

　おもしろいのは、この西郷隆盛の生地周辺には、大山巌《おおやまいわお》・大久保《おおくぼ》利通《としみち》・東郷平八郎《とうごうへいはちろう》・山本権兵衛《やまもとごんべえ》など、名前を聞いたこ

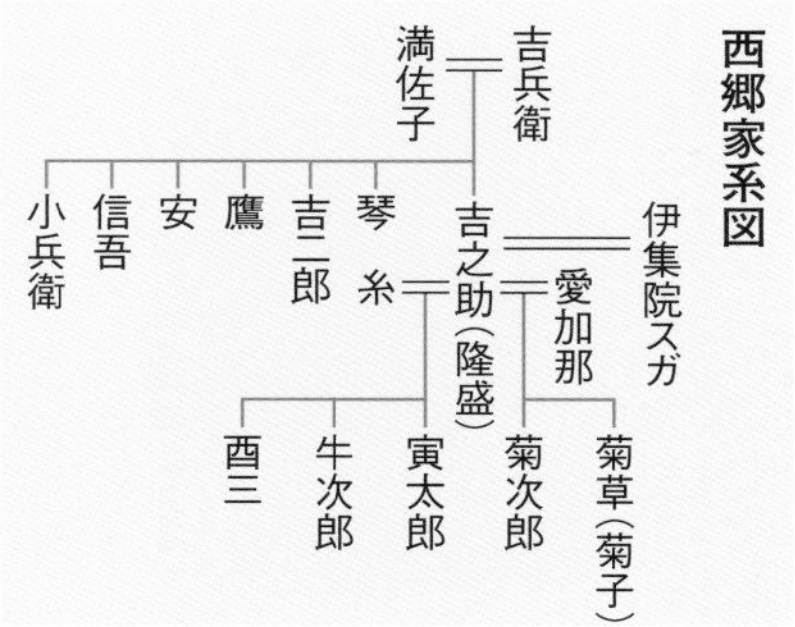

とのある人たちの誕生地が集中していることです。
いったいなぜなのか……。その謎を解くカギは、薩摩藩独特の教育制度にあったようです。

薩摩藩独特の郷中教育

薩摩藩には、「郷中《ごじゅう》教育」と呼ばれる、地域ごとの教育システムがありました。それは、先生ではなく、「地域の年長者が年少者に教育していく」という独特の制度でした。

郷中制度では、満五〜六歳から九歳までは小稚児《こちご》、一〇歳から一四歳までは長稚児《おさちご》、それ以上二〇代半ばまでは二才《にせ》と呼ばれ、たとえば小稚児や長稚児は早朝から二才のもとに通って、四書五経などを学んだり、書道を習ったりします。

そして朝食を済ませたあと、午前中には広場や神社で身体訓練が、午後には示現流《じげんりゅう》や薬丸自顕流《やくまるじげんりゅう》などの剣術をはじめとする武芸の稽古が行われ、最後はみんなで反省会を開いて、

ルール違反をした者には罰則が科せられたそうです。

そうした地域教育のなかで、子どもたちは切磋《せつさ》琢磨《たくま》しながら、「何事も詮議《せんぎ》をつくせ、決まったら議をいうな、言い訳するな」「嘘をつくな、弱音を吐くな、卑劣なことをするな」「弱いものいじめをするな」「目上を重んじよ、親に口答えをするな」などの基本を教え込まれていったのです。

それだけに、地域の結束はたいへん強いものだったと思います。また、だからこそ下加治屋町という小さな地域から、傑出した数多くの人材が生まれていったのだと思います。

この加治屋町には、「維新ふるさと館」が建てられており、幕末の薩摩のようすと維新を支えた英雄のエピソードに触れることができます。鹿児島の幕末をたどる旅を楽しむには、まずここで全体像をつかんでおくといいでしょう。

維新ふるさと館では、実際に西郷隆盛と接していた、西郷の義理の妹岩山トクさんの肉声を聞くことができます。

維新ふるさと館の外観と館内　西郷隆盛が誕生した加治屋町の甲突川沿いに建っている。平成５年に完成後もたびたびリニューアル。行くたびに新しい発見が！

彼女は、西郷隆盛の三番目の妻糸子の妹です。昭和二七年（一九五二）、トクさんが九五歳のときのインタビューを録音したものということですが、西郷は、奥さんの料理が出てくると、「おいしいおいしい」と毎日言っていたそうです。

江戸時代に、奥さんにそういうことを口にする人は少なかったと思いますが、奥さんは、言われるたびに、いつも照れていたそうです。また、元相撲取りを連れて、よく狩りや釣りに行っていたなんてことも話していました。

鹿児島弁で、ちょっと聞きづらいんですが、歴史の教科書には出てこない西郷の素顔が垣間見える貴重な音声記録です。

西郷隆盛と島津斉彬の出会い

さて、西郷隆盛は、弘化元年（一八四四）に群方書役《かきやく》助（農村の実情調査と年貢集めの仕事の補助）となります。ふつうなら、出世など到底望めない仕事だったとされています。

島津斉彬　薩摩藩11代藩主。幕末期、新しい日本の構築を目指したが、安政五年（一八五八）に急死した。

しかし、嘉永四年（一八五一）、一一代藩主島津斉彬《しまづなりあきら》が、西郷が書いた農政に対する嘆願書を見たのがきっかけで、安政元年（一八五四）には、西郷は斉彬の江戸参勤に同行することとなり、江戸では御庭方役《おにわかたやく》に抜擢《ばってき》されます。

この御庭方という役職は、表向きは屋敷の庭の掃除を行うのが任務でしたが、現実には、斉彬からの直命を受けて他藩との交流・情報収集などにあたったとされています。

そして御庭番という役職を得た西郷は、各界の権力者や知識人ともしばしば会うようになります。きっとそのなかで、西郷はさまざまな世界を見聞きし、大きく成長していったのだと思います。

いっぽう、斉彬は、藩主になるとすぐに、反射炉・溶鉱炉・様式造船所の開発を命じ、アジア初となる近代洋式工場群の建設を開始して、富国強兵・殖産興業に乗り出します。

ジョン万次郎を薩摩に招いたのもこのときのことです。こ

集成館機械工場（尚古集成館）　反射炉やガラス工場などが建てられ、多岐にわたる事業が展開された。

うしたいち早い動きは、アジアに押し寄せる西欧列強に大きな危機感を抱いていたからでしょう。

　もともと薩摩藩は琉球を通じてさまざまな海外の情報を得ていましたから、斉彬は、嘉永六年（一八五三）のペリー来航、そしてその後、日本中が、「攘夷、攘夷」の声に巻き込まれていくようすを冷静に見ていたのかもしれません。だからこその富国強兵策だったのではないでしょうか。

　また、彼は単に自藩のことだけでなく、「黒船来航以来の難局を打開するには公武合体・武備開国をおいてほかにない」と主張していました。日本が日本としてひとつにまとまらなければ、外国の侵略を受けることになるというわけです。国際的な知識と視野を持つ、まさに時代を先取りできる名君だったといってもいいでしょう。

　この集成館事業をくわしく知りたい方は、ぜひ博物館「尚《しょう》古集成館《こしゅうせいかん》」に足を運んで欲しいと思います。島津家初代から

集成館製の蒸気機関　曽於市大隅町の大隅郷土館に保存されている。

集成館「反射炉跡」　最盛期には 1200 人以上の工員がおり、日本最先端の工場群を形成していた。

の正統系図や、大砲・琉球船模型・復古鎧《よろい》・薩摩焼・古写真など、多彩な展示物はなかなかの迫力で、島津家と島津藩の歴史を知ることができます。

殉職を願った西郷隆盛

島津斉彬《しまづなりあきら》は、薩摩藩内の富国強兵を図るいっぽうで、国政の場では大老井伊直弼《いいなおすけ》とはげしく対立します。とくに、将軍継嗣問題で徳川家茂《いえもち》を擁立しようとする井伊直弼に対し、徳川慶喜《よしのぶ》を擁立しようと画策します。御庭番となった西郷はそのために働いたとされています。

しかし、井伊直弼が「安政の大獄」に踏み切り、家茂が将軍となると、斉彬は藩兵五〇〇〇名を率いて上洛することを計画します。武力をもって抗議しようというわけです。

ところが斉彬は安政五年（一八五八）七月一六日に急死してしまいます。この突然の死の原因については、当時、日本

造船所跡　尚古集成館近くに残っている。

月照　尊王攘夷活動のため、清水寺の住職を辞す。

で流行っていたコレラが原因だったという説が有力ですが、毒殺だったのではないかという説もあるようです。

そのとき、西郷は京都にいて、まさに斉彬の手足として働いていましたが、七月二七日に主君の死を知ることになりました。そのとき、殉死《じゅんし》しようとする西郷を押しとどめたのは尊王攘夷派の月照《げっしょう》上人でした。以来、西郷は月照上人を尊敬すると同時に、深い信頼関係を築いていったとされています。

西郷隆盛、覚悟の入水

安政五年に島津斉彬が死ぬと、西郷は、有馬新七・有村俊斎・伊地知《いじち》正治《まさはる》らとともに、斉彬の遺志を継いで、大老井伊直弼を排斥し、幕政を改革することをめざします。しかし、この年四月二三日に大老の座に就いた井伊直弼は、尊王攘夷派を弾圧する「安政の大獄」に着手します。

このころ、薩摩藩の実権を握っていたのは、島津斉彬の兄

島津斉興　調所広郷を重用して、財政再建を果たした。

で一〇代藩主島津斉興《なりおき》でした。斉彬の遺言で第一二代藩主を継いだのは、島津家分家の重富家当主、島津久光《ひさみつ》の長男忠徳《ただのり》（のち忠義）でしたが、まだ若年であったため斉興が藩政を掌握し、斉彬が計画していた京都への出兵をやめ、幕府の意向に逆らわぬ方針へと転換します。

いっぽう京都では、九月九日には、攘夷運動の先頭に立っていた儒学者梅田《うめだ》雲浜《うんぴん》らが捕縛され、月照《げつしょう》上人にも追っ手の手が伸びてきました。

その後、月照は福岡藩士平野《ひらの》国臣《くにおみ》にともなわれて薩摩にやってきますが、一一月一一日、西郷は薩摩藩庁から、「月照を日向国（宮崎県）に追放せよ」と命じられます。

一一月一六日、西郷は、月照や平野国臣らとともに乗船しますが、西郷は前途を悲観して、月照とともに錦江湾《きんこうわん》（鹿児島湾）に身を投げてしまいます。すぐに平野国臣が二人を引き上げましたが、月照はすでに死亡していました。

西郷隆盛蘇生の家　ボクが行ったときには、公民館のような使われ方をしていました（ビビる大木）。

そのとき、西郷は懐に、「大君の為には何か惜しからむ薩摩の瀬戸に身は沈むとも（月照）、二つなき道にこの身を捨て小舟波立たばとて風吹かばとて（西郷）」と書かれた紙を忍ばせていたといいます。

西郷はなんとか息を吹き返しましたが、回復するのに一か月近くかかりました。その間、薩摩藩は、「西郷隆盛は死んだ」ということにして、幕府の役人に二人の墓を見せたといいます。鹿児島市吉野町には、「西郷隆盛蘇生の家」が残っています。

ひとり生き残った西郷は、みずからを「土中の死骨」と呼び、生涯恥じていたともいわれます。ボクはそこにも行ってみましたし、番組のロケでも行って特別に中を見せてもらいましたが、公民館のような存在になっていました。その後、西郷はつねに死と直面しながら、日本を明治維新へと導いていくことになります。

島流しに、そして歴史の表舞台に

奄美大島と島嫁・愛加那

薩摩藩は、からくも生き残った西郷を幕府の目から隠すために、「菊池源吾」と改名させて奄美大島送りにします。その西郷が奄美大島の龍郷村《たつごう》（鹿児島県大島郡龍郷町）に到着したのは、安政六年（一八五九）一月一二日のことでした。

ここで西郷は、奄美大島の名門・龍家の娘と結婚します。結婚式のとき、西郷隆盛は彼女に「愛」の名を与え、その後、彼女は愛加那《あいかな》と名乗ります。

西郷は愛加那をとても大切にしていたといいます。万延二年（一八六一）一月二日には、西郷と愛加那のあいだに、のちに台湾の基隆支庁長や宜蘭《ぎらん》長官・京都市長なども務めるこ

愛加那　西郷隆盛が奄美大島に潜居したときの島嫁。

島津茂久（忠義）　薩摩藩最後の藩主（12代）。

大久保利通　幼少期に隆盛らと過ごし、親友となる。

となる長男の菊次郎が誕生しました。しかし西郷は、その翌年には藩からの召喚命令を受けて、妻子を残して鹿児島に帰らなければならなくなります。

薩摩藩では、斉彬の甥茂久（のちに忠義）が薩摩藩第一二代藩主となりますが、藩政の実権は、父の久光が握っていました。そのころ、大久保利通《おおくぼとしみち》が久光の腹心となっており、その大久保のとりなしで、西郷は三年ぶりに薩摩に帰ることになったのです。

しかし、当時の薩摩藩には、薩摩藩士は島の女性とは結婚はできるが、本土に連れてきてはいけないという決まり（島妻制度）がありました。そのため、愛加那が二人目の子（菊草《きくそう》）を身ごもっていたにもかかわらず、西郷は妻子を残して奄美大島を離れざるを得ませんでした。それは二月一二日のことでした。

島津久光　薩摩藩の最高権力者、公武合体運動を推進。

西郷と久光の確執

文久二年（一八六二）二月一二日、西郷隆盛は鹿児島に戻りました。

しかし、すぐに島津《しまづ》久光《ひさみつ》と衝突することになります。そのとき久光は、まさに、公武合体を推し進めるために兵を率いて上京しようとしていました。西郷が尊敬する島津斉彬《なりあきら》の遺志を継ぐという名目でしたが、西郷は強く反対します。鹿児島に帰ってわずか三日後のことでした。

久光が烈火のごとく怒ったのは当然でしょう。大久保がなんとかその場を収めましたが、久光とのあいだに深く亀裂が生じたことは間違いないでしょう。そればかりではなく、さらに西郷と久光の関係を決定づけるできごとが起きます。

三月一三日、藩内の反対を押し切り上京を決めた久光から、「先に肥後に向かい下関で待機せよ」と命じられた西郷は、村田《むらた》新八《しんぱち》をともなって京都へと出発しました。しかし、下関

平野国臣　福島藩出身の攘夷派志士。

に着くと、平野国臣《ひらのくにおみ》から、「京都、大坂にいる過激派志士たちのあいだに、島津久光が倒幕のために上京するという話が広がり、今にも暴発して京都焼き討ちの暴挙に出かねない状況となっている」という情報がもたらされます。

そこで西郷は、三月二九日、伏見の薩摩藩邸に入ります。言うまでなく、過激派志士たちの暴発を止めるためでしたが、理由はどうあれ、その時点で西郷は久光の命令に背《そむ》いたことになります。

久光は激怒し、西郷と村田新八を捕縛して遠島（島流し）するように命じます。

徳之島への島流し

大坂で捕縛された西郷と村田は、薩摩藩船で山川港へと送られ、六月六日には、西郷は徳之島へ、村田は喜界島《きかいじま》へ遠島となりました。

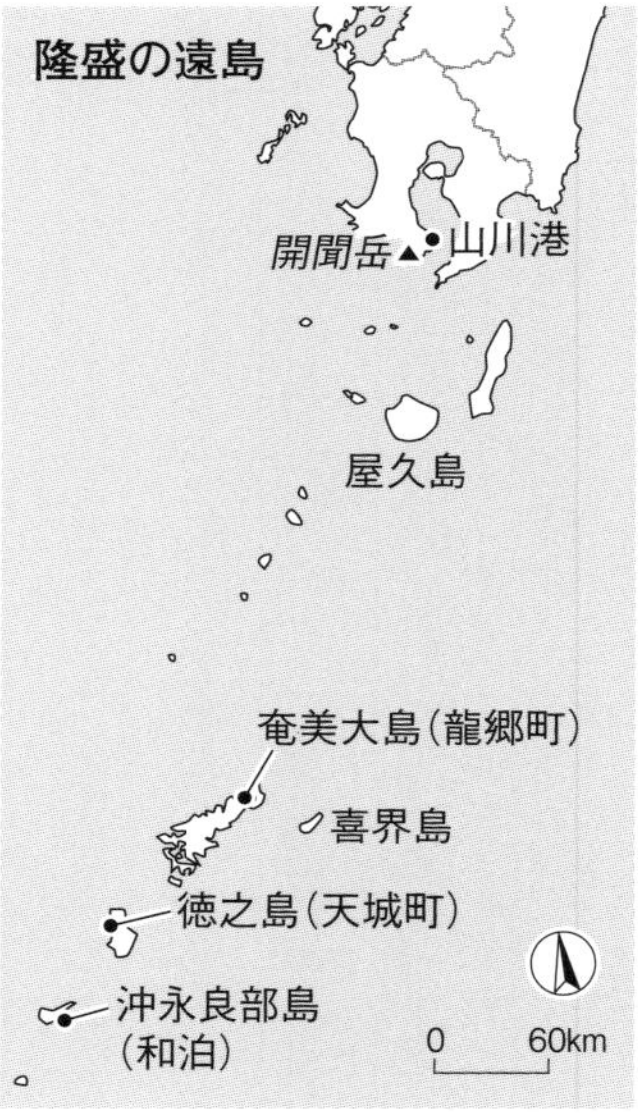

ちなみに、その間の四月二三日には、前述したように、伏見の寺田屋に集結していた有馬新七ら八名を粛清させた「寺田屋騒動」が起きています。

西郷が徳之島に着いたのは、七月二日のことでした。八月二六日には、西郷が徳之島にいることを知った愛加那が、菊次郎と生まれたばかりの菊草《きくそう》を連れて徳之島にやってきて再会を果たします。しかし、久光の西郷への処分が甘すぎるという判断を受け、その翌日には、「沖永良部島《おきのえらぶじま》に遠島して、囲い入れてしまえ」という藩命が届きます。

愛加那母子は、失意の中、八月二八日には奄美大島へと帰っていきました。いっぽう、西郷が沖永良部島に着いたのは、閏八月一四日のことでした。

そこで、西郷は四畳ほどの粗末な野ざらしの牢《ろう》に入れられ、

再現された野ざらしの牢（大島郡和泊町）　西郷はやせ細り、死の直前まで追い込まれた。

やせ細り、死の直前まで追い込まれます。その窮状を救ったのは、和泊方《わどまり》の間切横目《まぎりよこめ》（警察の巡査のような役）を務めていた土持政照《つちもちまさてる》という人物でした。

彼は日ごとに痩せていく西郷の姿を見て、代官に、「藩からの命令書には〝囲いに入れよ〟と書いてある。それなら、家の中に座敷牢をつくってもいいじゃないか」と申し出ます。代官はすぐにそれを認めます。そこで政照は二〇日もかけて座敷牢をつくり、その間、自宅で西郷を介抱したため、西郷は一命を取り留めたといいます。

歴史の表舞台に躍り出た西郷隆盛

元治元年（一八六四）二月二八日に鹿児島に帰ってきたとき、西郷隆盛は足腰が弱っており、這いずりながら主君・島津斉彬の墓参りに行ったほどだといいます。しかし、ゆっくり休む間もありませんでした。

徳川慶勝　北海道八雲町の開拓を指導した。

和泊町の南洲神社　西郷は沖永良部島での生活で、「敬天愛人」の精神を完成させたと言われる。

七月一九日に禁門の変が起きたとき、西郷は、銃弾を受けて軽傷を負いました。さらに、二三日に長州藩追討の朝命（第一次長州戦争）が下ると、九月一一日には大坂で勝海舟と会い、長州藩に緩和策で対処することで合意しています。

そして一〇月一二日には征長軍参謀に任命され、二四日には、征長総督徳川慶勝《とくがわよしかつ》と会い、長州処分を委任されます。その結果、一二月二七日、征長総督が出兵諸軍に撤兵を命じる形で、第一次長州戦争は終わったのです。

ところで、西郷はその直後の元治二年一月、三度目の結婚をします。相手は、薩摩藩家老座書役を勤めた岩山直温の二女糸子《いとこ》。彼女は再婚でしたが、西郷とのあいだに三人の子どもを産みます。また奄美大島から、愛加那の子、菊次郎と菊（菊草）を引き取って養育し、立派に成人させています。

そんな西郷が海舟の紹介ではじめて坂本龍馬に出会ったのは、元治元年八月ごろのこととされています。龍馬は、慶応

西郷糸子　隆盛との間に三子をもうける。愛加那の二人の子を引き取って養育。

元年（一八六五）六月二四日には、京都の薩摩藩邸で、長州藩用の銃器を薩摩藩名義で購入してほしいと依頼、西郷はすぐにそれを受け入れています。

その結果が、慶応二年一月二一日の薩長盟約締結であり、その後の両藩による維新への動きも、西郷と龍馬なしではなし得なかったことでしょう。

ちなみに、同年一月二三日の寺田屋事件で坂本龍馬が手に刀傷を負ったときに、龍馬救出を命じたのも西郷でしたし、その後、龍馬は薩摩藩の船で薩摩へと向かい、霧島神社や高千穂の天逆鉾《あめのさかほこ》をお龍と訪れるなどしています。

そして、六月七日〜八月三〇日の第二次長州戦争を経て、慶応三年一〇月一四日に大政奉還が実現します。その流れを主導していたひとりが西郷だったことは、誰もが認めるところでしょう。しかし、その後、旧幕府軍と新政府軍による戊《ぼ》辰《しん》戦争に突入することとなったのです。

幕末探検隊 レポート⑦

隆盛の四人の息子たち

愛加那とのあいだにできた菊次郎は、九歳になったとき、鹿児島の西郷家に引き取られ、西郷の東京赴任に同行、一二歳になると、二年半にわたりアメリカに留学。帰国して三年後、一七歳で西南戦争に従軍するが、銃弾を受けて右足を切断。政府軍に加わっていた隆盛の弟従道《つぐみち》のもとに投降した。

西郷菊次郎

西郷寅太郎

その後、明治一七年（一八八四）には外務省に入省、アメリカ留学を経たのち、台湾の基隆《きりゅう》支庁長、宜蘭《ぎらん》長官を歴任。帰国後は京都市長となった。その後、鹿児島に戻り青少年人材育成と地域づくりに貢献、昭和三年（一九二八）に亡くなった。

一方、西郷隆盛と糸子の嫡男寅太郎《とらたろう》は、吉井友実や勝海舟らの働き掛けでドイツの陸軍士官学校に留学、帰国後の明治二五年に陸軍少尉に任じられた。明治三五年には隆盛の維新の功により侯爵を授かり、貴族院議員にも就任した。

午次郎《うまじろう》は実業家として人生を送り、大正八年（一九一九）に寅太郎が死去すると、糸子や寅太郎の子を引き取って悠々自適の老後を過ごした。また酉三《とりぞう》は、明治三六年に三〇歳という若さで亡くなっている。

西郷隆盛と愛加那の子供たち　2018年に菊次郎のひ孫の女性宅で発見された。左端が隆盛と愛加那の長女・菊子、右端が長男の菊次郎。

鳥羽・伏見の戦い（歌川国広『毛理嶋山官軍大勝利之図』）　絵のタイトルにある毛理は長州、嶋は島津で薩摩、山は山内の土佐を示す。

戊辰戦争と西郷隆盛

戊辰戦争は、慶応四年（一八六八）一月三日の鳥羽伏見の戦いからはじまりました。この戦いは、「徳川中心に連立政権を築こうとする旧幕府軍と、天皇を実質的にトップに据え、幕府勢力を排除して政権を築こうとする新政府軍の激突」だったとされています。

この戦いは、新政府軍優勢に進み、朝廷が、薩摩・長州藩兵側を官軍としたため、幕府軍は朝敵となり、徳川慶喜《とくがわよしのぶ》は一月六日に大坂城を脱出し、軍艦開陽丸《かいようまる》で江戸へ逃走します。

翌日、新政府は、慶喜追討令を発すると、一月一〇日には徳川慶喜・松平容保《かたもり》・松平定敬《さだあき》をはじめとする幕閣の官職を剥奪し、京都藩邸を没収するなどの処分を行います。そんななか、幕府内は恭順派と抗戦派に分かれます。

慶喜は、上野寛永寺《かんえいじ》に閉居し、恭順の意を示しますが、とくに勘定奉行兼陸軍奉行並の小栗忠順《おぐりただまさ》や軍艦頭の榎本武揚《えのもとたけあき》な

伊達宗城　宇和島藩８代藩主。

広沢真臣　長州藩士。維新の十傑の一人。

小栗忠順　幕末期の幕臣。。薩長への主戦論を唱えた。

どは徹底抗戦派で、「敵軍を箱根以東に誘い込んだところで、戦力的に勝《まさ》る徳川海軍が駿河湾に出動して敵の退路を断ち、フランス式軍事演習で鍛えられた徳川陸軍で一挙に敵を粉砕、海軍をさらに兵庫・大坂方面に派遣して近畿を奪還する」という作戦を立てていました。

いっぽう、新政府側では、徳川家に対して徹底してきびしい処分を下すべきだという強硬論と、穏当な処分で済ませようとする寛典《かんてん》論の両論が争われていました。薩摩の西郷や大久保は慶喜の切腹を主張していましたが、長州の木戸孝允や広沢真臣《ひろさわさねおみ》などは寛典論を想定していたし、山内容堂や松平春嶽・伊達宗城《だてむねなり》なども徳川慶喜の切腹や徳川家改易《かいえき》などの厳罰には反対だったとされています。

そうするうちにも、江戸開城をめざす新政府軍は、東海道・東山道・北陸道の三方向から、江戸に迫りつつありました。二月九日には、新政府総裁の座に就いていた有栖川宮熾《ありすがわのみやたる》

山岡鉄舟　剣・禅・書の達人。幕末の幕臣。江戸無血開城の立役者。

仁《ひと》親王が東征大総督に任命され、すべての部隊がその指揮下に入ることとなりました。

二月一五日に京都を出た東征軍は、三月五日には駿府《すんぷ》に到着し、翌日の軍議で、江戸城進撃の日付が三月一五日と決定されました。

そんななか、勝海舟を介して、慶喜の使者山岡鉄舟《やまおかてつしゅう》と大総督府参謀となっていた西郷隆盛の交渉が行われます。三月九日のことです。

そのとき、西郷は、つぎの七つの要求を突きつけたといいます。

①徳川慶喜の身柄を備前藩に預けること。
②江戸城を明け渡すこと。
③軍艦をすべて引き渡すこと。
④武器をすべて引き渡すこと。

⑤城内の家臣は向島に移って謹慎すること。
⑥徳川慶喜の暴挙を補佐した人物をきびしく調査し、処罰すること。
⑦暴発の徒が手に余る場合、官軍が鎮圧すること。

鉄舟は①だけはどうしても譲れないということで、結論は保留されることとなります。鉄舟は、その結果をもって海舟の元へと戻ります。

それを受けて、三月一三日と三月一四日に、薩摩藩江戸藩邸で、「勝・西郷会談」が行われます。そして、西郷は、海舟が提示したつぎのような条件を受け入れます。

①徳川慶喜は故郷の水戸で謹慎する。
②慶喜を助けた諸侯は寛典に処して、命にかかわる処分者は出さない。

勝・西郷会談（結城素明画「江戸開城談判」）明治元年3月13～14日に行われた、勝海舟と西郷隆盛による江戸総攻撃回避のための談判のようす。

勝・西郷会談の地の石碑　２回目の会見が行われた田町薩摩蔵屋敷の跡地。東京都港区芝。

③武器・軍艦はまとめておき、寛典の処分が下された後に差し渡す。
④城内居住の者は、城外に移って謹慎する。
⑤江戸城を明け渡しの手続きを終えた後は即刻田安《たやす》家へ返却を願う。
⑥暴発の士民鎮定の件は可能な限り努力する。

西郷にしてみれば、ずいぶん譲歩を求められる内容でしたが、翌日の江戸城進撃を中止することを約束します。それだけ海舟を信頼していたのでしょう。

そして四月四日には、大総督府と徳川宗家とのあいだで最終的な合意が交わされ、慶喜は水戸で謹慎することとなり、四月一一日には、寛永寺から水戸へ出発。この日、江戸城は無血開城されることとなりました。

明治天皇　16歳で即位、隆盛が教育係となる。内田九一撮影。

「明治六年政変」で下野した西郷

江戸開城後、戊辰戦争の戦場は東北・箱館へと移っていきました。その間、西郷がつねに新政府軍の中心的立場に立っていたことはいうまでもありません。

そして慶応三年（一八六七）一二月九日には、「王政復古の大号令」が発せられ、翌慶応四年九月八日には、皇太子睦《むつ》仁《ひと》親王（のちの明治天皇）が即位して明治と改元されました。

西郷は明治二年（一八六九）二月二五日に薩摩藩参政《さんせい》に任命されますが、五月一日には、箱館戦争の応援のために藩兵を率いて鹿児島を出帆し、五月二五日に箱館に到着しましたが、すでに戦闘は終わっていました。

そして鹿児島に帰った西郷は、鹿児島郡武村（現在の西郷公園）に屋敷を購入しました。沖永良部島遠島以来、ほとんど無収入になっていた西郷もやっと経済的に余裕ができたのです。

西郷公園に建つ隆盛像　高さ10.5メートル。実在の人物像としては日本最大。

その後、西郷は太政官《だじょうかん》から大参事（現在の副知事にあたる）に任命されて、薩摩藩の幕政改革に取り組んでいましたが、明治四年には、江戸に呼び戻され、七月一四日の廃藩置県の実現に尽力します。明治五年六月一四日には、陸軍元帥兼近衛都督（天皇直轄軍司令部の長）に任命されました。

しかし、明治六年に起きた「明治六年政変」で下野《げや》することになります。

当時、明治政府は李氏《りし》朝鮮と新たな外交関係を結びたいと考えていました。しかし、当時の李氏朝鮮は鎖国状態で、かたくなにそれを拒否します。そこで明治政府内に「征韓論」が唱えられるようになっていきました。

たとえば、木戸《きど》孝允《たかよし》などは、「無礼な朝鮮に使節を派遣して譴責《けんせき》し、相手が不服ならばその罪を問う」と強硬に意見を主張していました。

それに対して西郷は、みずから使節として朝鮮に渡り、平

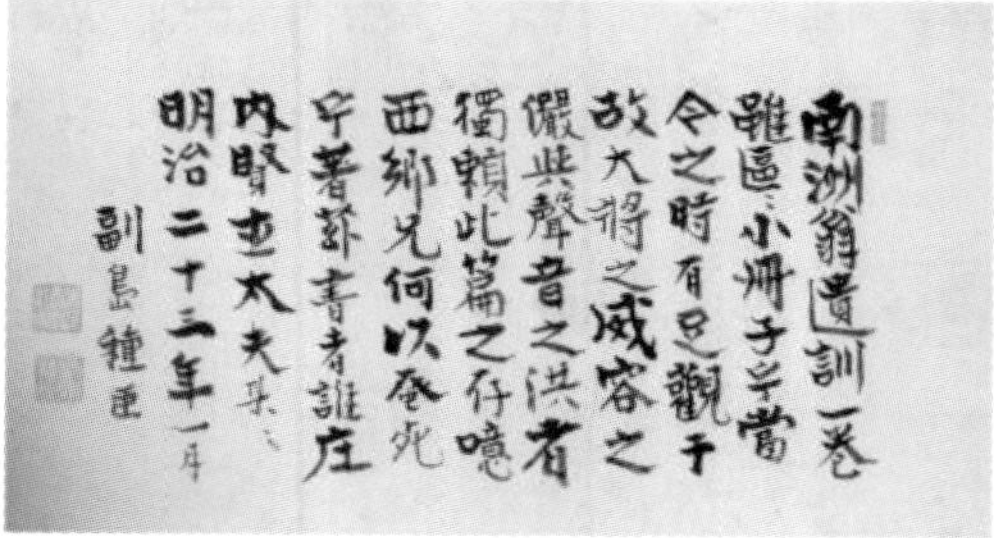

副島種臣　維新後、政体書の起草や版籍奉還に尽力したが、のち政界を離れ、宮中顧問官・枢密顧問官を務めた。左は種臣の書。

和的に交渉したいと訴え、いったんは西郷の朝鮮派遣が決まります。

　しかし、一〇月二四日、最終的に明治天皇の裁可として使節の派遣は延期されることとなり、西郷は役職を辞任します。そして翌日には、板垣退助・副島種臣《そえじまたねおみ》・後藤象二郎・江藤新平らも下野してしまいます、これが、明治六年の政変のあらましです。

　よく、西郷隆盛は征韓論に敗れて下野したといわれます。そう聞くと、西郷隆盛が「断固として朝鮮を叩くべし」と主張したように思われがちですが、じつは逆で、朝鮮との戦いをなんとか回避しようとしていたのです。

西南戦争へ

私学校設立と士族の反乱

鹿児島に帰った西郷隆盛は、明治七年（一八七四）六月に、旧鹿児島城（鶴丸城）の馬屋跡に「幼年学校」「銃隊学校」「砲隊学校」を設立します。それらは総称して「私学校」と呼ばれています。鹿児島県内には一三六もの分校もつくられました。

県内の若者に近代教育の場を与えることが主目的でしたが、新政府に大きな不満を抱きはじめていた不平士族たちを暴走させることなく統率していこうという、もうひとつの目的があったとされています。

しかし、明治九年三月八日に廃刀令《はいとうれい》が、同年八月五日に金禄公債証書発行条例が発布されると、士族の不満はついに爆

私学校跡　石垣には今も西南戦争のときの弾痕が生々しく残っている。

川路利良　初代大警視（現、警視総監）。

神風連の乱（『熊本暴動賊魁討死之図』）　秩禄処分や廃刀令に対して起きた士族の反乱。翌年の西南戦争へとつながっていく。

発することになります。

廃刀令で武士の精神的な支えだった刀を持つことが禁止されたうえに、金禄公債証書発行条例が、華族や士族に与えられた家禄《かろく》を強制的に取り上げて、期限付きでわずかな利子しか受け取れない公債に替えるものだったからです。

一〇月二四日には熊本県で「神風連の乱」が、二七日には福岡県で「秋月の乱」が、二八日には山口県で「萩の乱」が起こります。

そうした士族の反乱の広がりで、私学校にもきびしい目が向けられます。そして明治一〇年一月、明治政府は、薩摩藩出身で警視庁大警視になっていた川路《かわじ》利良《としよし》と二四名の警察官を「帰郷」の名目で鹿児島へと派遣します。私学校の内部偵察と離間工作のためでした。

同時に政府は、一月二九日には、鹿児島にあった武器弾薬を秘密裡に大阪に搬出しようとします。それを知った私学校の生徒たちは、政府が薩摩のつくった弾薬を勝手に搬出したことに怒りを爆発させ、火薬庫を襲って武器類を奪取、それ以後、連日のように各地の火薬庫を襲撃しました。

また、私学校の幹部たちは、川路利良の命令で鹿児島に帰ってきた者のなかに西郷暗殺を命じられている者がいるという情報をつかみ、二月三日にはその大半を捕らえ、拷問の末、暗殺の命令があったと自白させます。

そして二月五日には私学校幹部や分校長ら二〇〇余名が集まって、ついに武装蜂起することが決まったのでした。

二月一四日、先鋒隊が熊本へ向けて出発。翌一五日には本隊も出発しました。それに対し、明治政府は、二月一九日に鹿児島県逆徒征討の勅を発し、有栖川宮熾仁親王を征討総督（総司令官）に任じ、実質的総司令官になる参軍（副司令官）には山縣有朋《やまがたありとも》陸軍中将と川村純義《かわむらすみよし》海軍中将を任命して熊本へ向かわせます。これが「西南の役」のはじまりです。

有栖川宮熾仁　戊辰戦争で東征大総督の職を志願。

田原坂西南戦争資料館　熊本市北区植木町豊岡の田原坂にある資料館。敷地内には激戦の生々しい弾痕が残された家も復元されている（左）。

田原坂の悲劇

二月二一日夜半から二二日にかけて、およそ一万四〇〇〇名の西郷軍は熊本に向け進軍、熊本城を包囲します。それに対しておよそ四〇〇〇名の熊本鎮台勢は、籠城戦を選択して、援軍の到着を待ちます。

三月一日には田原坂《たばるざか》で、最大の激戦、「田原坂の戦い」がはじまりました。西郷軍は、政府の援軍が必ず通る田原坂に強力な防御陣地を構築していました。一進一退のはげしい戦闘がつづきましたが、二〇日、ついに西郷軍は力尽き、敗走します。

現在、現地には「熊本市田原坂西南戦争資料館」が建てられており、映像、音響、振動効果付きのジオラマで戦いのようすを体感できるコーナーや、実際に使われた銃・弾、古文書などの貴重な資料を展示したコーナーで、西南戦争にいたる時代背景や意義について学ぶことができます。

桐野利秋　隆盛に重用され、行動をともにした。

城山での最後の戦い

田原坂の戦いで敗れた西郷軍は、人吉、都城《みやこのじょう》への移動を余儀なくされ、その後も西郷軍は敗走を重ね、九月一日にようやく鹿児島に帰りつきます。

鹿児島に帰った西郷軍は、私学校を占領していた政府軍を奇襲して奪回、城山《しろやま》を中心に布陣します。しかし、政府軍の圧倒的な兵力をもって、九月六日にはおよそ三五〇名の西郷軍を城山に追い込み、包囲することに成功します。

そして、九月二四日午前四時、三発の砲声を合図に政府軍の総攻撃がはじまりました。このとき西郷らは洞窟にこもっていましたが、桐野《きりの》利秋《としあき》・村田新八・別府晋介ら四〇余名は洞窟の前に整列したあと、岩崎口に進撃します。

この覚悟の進撃で、西郷もついに股と腹に被弾してしまいます。そこで西郷は、別府晋介に、「晋どん、晋どん、もう、ここでよかろう」と言い、ひざまづいて襟《えり》を正し、はるかに

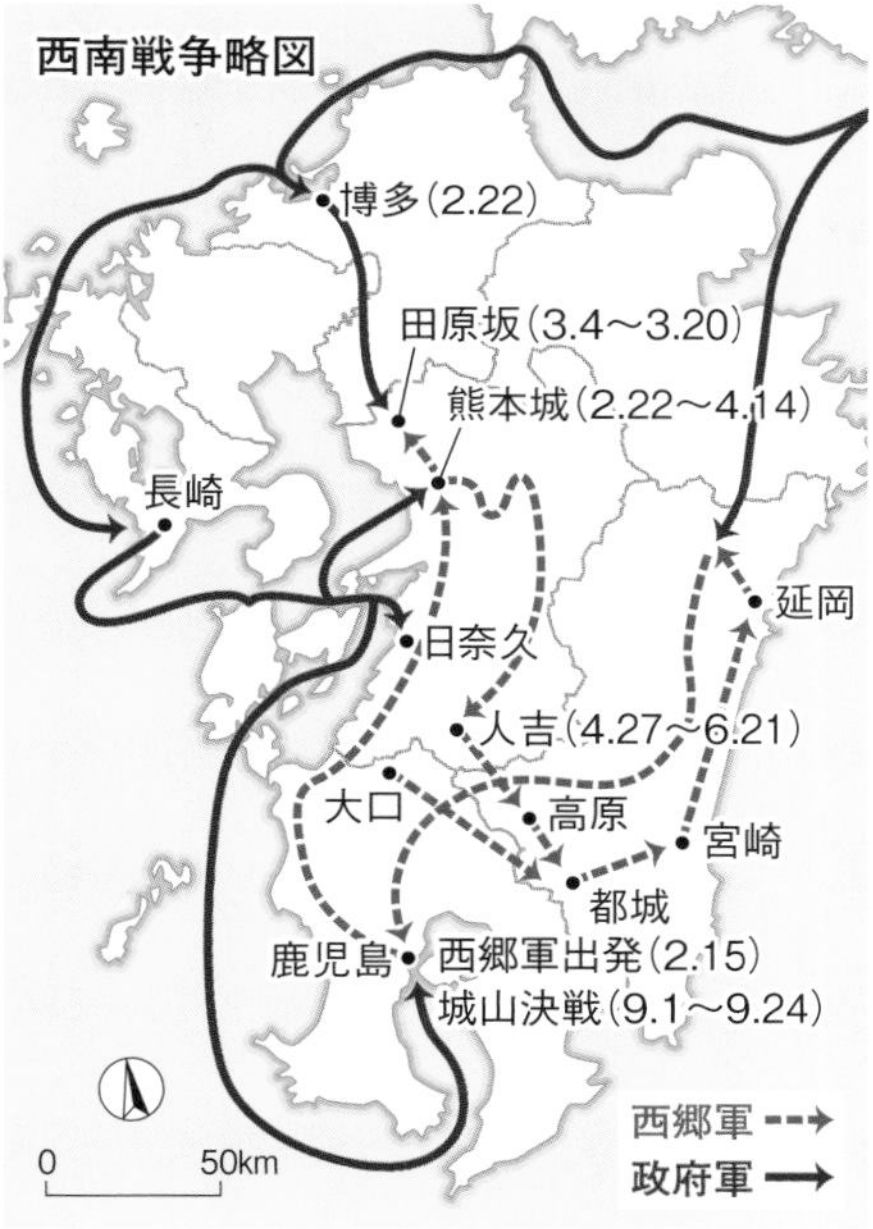

東方を拝礼した後、切腹します。「ごめんなったもんし（お許しください）」と声をあげ、介錯《かいしゃく》した別府晋介は、その場で腹を切りました。

西郷の最期を見守っていた桐野・村田らはふたたび岩崎口に突撃し、敵弾に斃《たお》れ、自刃し、あるいは私学校近くに籠もって戦死しました。こうして西南の役は終わりを告げたのです。

ちなみに、西南戦争動員数は、政府側約六万八〇〇〇名、西郷側約四万八〇〇〇名で、死傷者は、政府側約一万六〇〇〇人、西郷側約二万人にのぼったとされています。

南洲顕彰館　南洲墓地の隣に建つ。隆盛使用の品々や衣服などが紹介されている。

西郷隆盛の墓　薩軍兵士2023名が隆盛を取り囲むように眠る。南洲神社。

西郷隆盛が眠る南洲墓地

西郷の墓（南洲墓地）は、鹿児島市上竜尾町の南洲神社の南隣にあります。岩崎口で戦死した西郷以下四〇名を仮埋葬したこの地には、それから二年後、市内各所に埋葬されていた遺骨を移し、さらに六年後には、宮崎・熊本・大分の各県からも遺骨が集められました。

墓石は正面に西郷隆盛、左手に最後まで奮戦した桐野利秋、右手には篠原《しのはら》国幹《くにもと》、ほかには村田新八・辺見十郎太・別府晋介・桂久武らの幹部が並んでいます。その横には「南洲顕彰館」もあって、ボクも行ってみましたが、西郷と薩摩藩士らにまつわるさまざまな資料を見ることができます。

それにしても、鹿児島に行ったときに感じたのは、「鹿児島の人は西郷《せご》どんのことをほんとうに神様みたいに慕っているけど、大久保に対する思いが薄いんだな」ということです。

西南戦争で政府側についた大久保をどこか許せないという

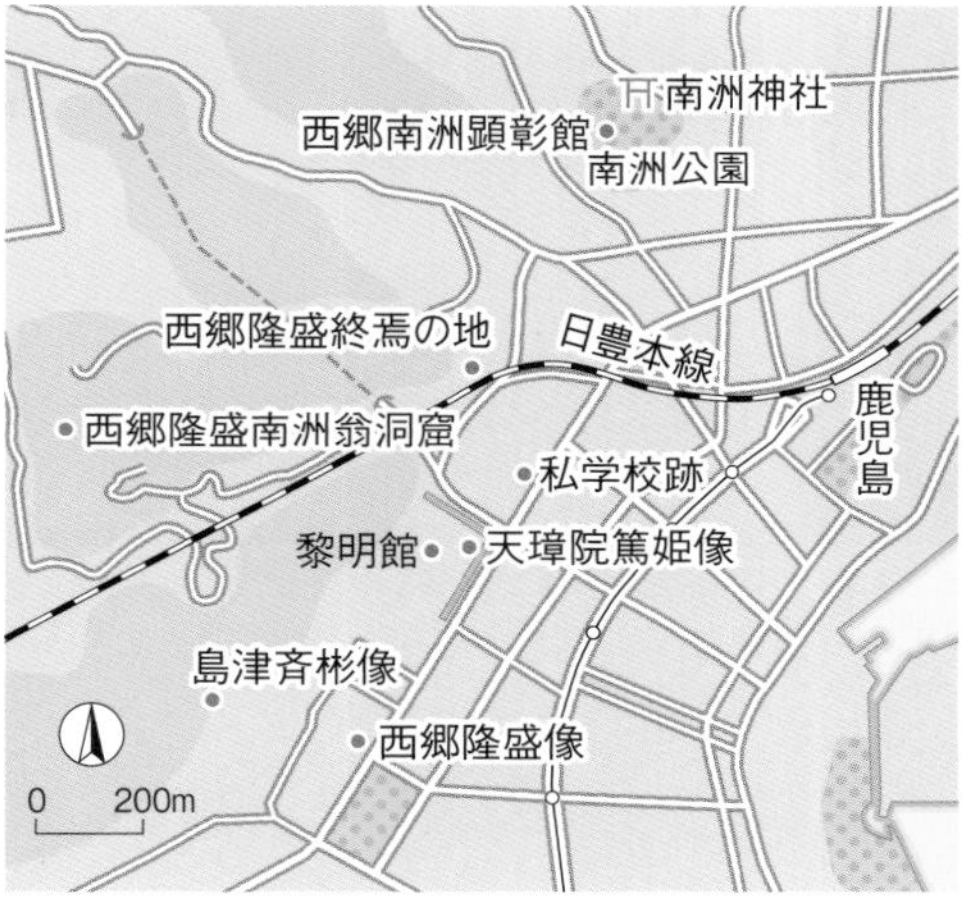

気持ちがあるのでしょうね。お土産にしても、大久保のグッズがなくて西郷のものばかり。ここ数年で、ようやく大久保グッズも出てきたようですが……。

それはそれで切ないですね。西南戦争は日本人同士の苦しい戦争だったわけで、大久保は大久保で、「日本がたいへんなときに、内乱をしている場合じゃないだろう」「今、日本という国をしっかりつくらないでどうすんだよ」という強い気持ちがずっとあったと思うんです。

その大久保も、翌明治一一年五月一四日、馬車で皇居へ向かう途中、不平士族によって、紀尾井坂で殺害されてしまいます。そのとき大久保は、家族にも内緒で、生前の西郷から送られた二通の手紙を入れた袋を持ち歩いていたそうです。

ちなみに西郷が城山で死んだとき持っていたの

西郷隆盛終焉の地　隆盛は腰と太ももに銃弾を受け、この地で最後を遂げた。

西郷隆盛洞窟　隆盛らが立てこもった城山の洞窟。ここで最後の５日間を過ごしたという。

は橋本左内《はしもとさない》の手紙だったとか……。意外と西郷のほうは大久保のことを思ってなかったのに対して、一見冷酷に見える大久保のほうが西郷のことを思っていたのかもしれません。

大久保利通も切ないんですよ。子どものころからの盟友で、維新という同じ夢を追っていた西郷を殺したいわけないですもんね、絶対に！

きっと、西南戦争のときも、立ち上がらないでくれと思っていたでしょうね。それは、現場で指揮を取っていた山県有朋や山田《やまだ》顕義《あきよし》など長州勢もみんなそうですよね。自分の役目だから薩摩軍と戦争しなきゃいけないけど、倒したくもないし殺したくもない。

最後に西郷さんの首を確認したとき、山県有朋が号泣したという話も読んだことがあります。

旅に出ると、ほんとうにいろいろなことを考えさせられますね。

幕末探検隊 レポート⑧

西郷どんと温泉

明治の偉人のなかで、西郷どんの温泉好きは群を抜いている。なにしろ巨漢だった西郷どんは、健康維持のために運動と入浴を心がけていたという。

実際、鹿児島県や宮崎県には西郷どんが入ったという温泉があちこちに残り、いまだに多くの人が訪れている。主な西郷どんゆかりの温泉を紹介しておこう。

1、日当山《ひなたやま》温泉（霧島市隼人町）坂本龍馬が寺田屋事件で手に傷を負った際に、西郷どんが龍馬とお龍を連れていった温泉。戊辰戦争から戻った明治元年にも西郷どんが訪れた記録がある。明治二年には、藩主の島津忠義が西郷に会いに、わざわざこの地を訪れている。

2、吹上温泉（日置市吹上町）　湯治のためだけではなく、近くでよく狩猟も楽しんでいた。温泉街から山道へと入った場所には東郷平八郎の揮毫による狩猟場を示す記念碑が残っている。

3、吉田温泉（えびの市昌明寺）　戊辰戦争で箱館まで行ってきた直後に訪れた。

4、白鳥温泉（えびの市末永）　狩猟と当時を兼ねてこの温泉を訪れたが、じつは鹿児島を出発するときに猟銃を忘れ、のちに弟に船便で届けさせている。

隆盛の愛犬「ツン」の像　薩摩川内市東郷町の藤川天神境内に建つ。西郷どんの犬好きは有名で、実際何匹も飼っていたが、なかでも有名なのが、この「ツン」という名のメスの薩摩犬だ。「明治六年の政変」で政界を辞め、鹿児島へ戻る途中の西郷どんが一目で気に入り、東郷町藤川の前田善兵衛にむりやり頼み込んで譲ってもらったが、ウサギ狩りがとてもうまい犬だったという。ちなみに、ツンは西郷どんが亡くなったあとも西郷どんの知人に引き取られ、天寿をまっとうしたと伝えられている。

5、川内高城《せんだいたき》温泉（薩摩川内市湯田町）　ここにも狩猟を兼ねてよく来ていたようで、風呂に入る際に使用したとされる踏み台や碁盤、狩猟に連れてきた犬の墓なども残っている。

6、鰻温泉（指宿市山川成川）　ここに来るときには、山川港まで船できて、そこから徒歩で向かったという。ここには、西郷と同様に明治政府で活躍した、江藤新平も訪れている。

7、指宿温泉（指宿市）　文久二年（一八六二）二月、一度目の遠島から帰った西郷が体を癒したとされる温泉地。多くの温泉があるが、そのうち、二月田温泉には殿様湯もある。文字通り、西郷が仕えた島津斉彬も訪れた藩主御用達の温泉であった。

8、有村温泉（鹿児島市古里町）　桜島の南側に位置し、江戸時代を通じて桜島を代表する温泉地のひとつ。大正三年1月の桜島大噴火によって溶岩が流出し、施設の多くが埋没してしまった。

9、栗野岳温泉（鹿児島県姶良郡湧水町木場）　隆盛は、池上四郎宛てに栗野岳温泉について「まったく仙境に御座候」と書き送っている。よほど気にいったのだろう。

おわりに

いかがでしたか？　駆け足ですが、ボクの「幕末ひとり旅」を振り返ってみました。

本書の原稿をまとめるにあたっては、「幕末探検隊」が調べてくれたことも多々あります。なかには、ボクが知らなかったことも少なくありませんでしたし、行ったことのない場所についての記述もありますが、これから機会があれば、そんなところにもブラリと訪ねてみたいと思っています。

歴史に興味を持って、いろいろなところに足を運ぶ……そんな旅を楽しんでいる方は多いと思いますが、ボクにとって歴史をたどる旅は、ほんとうにストレス解消であると同時に、自分の生き方も含め、いろいろ考える糧になっているような気がします。

ボクの場合、「幕末」をキーワードに「ひとり旅」を楽しんできましたが、どんなキーワードでもいいと思いますし、別に遠くまで出かける必要もないと思います。いろいろ調べると、きっと自分が住んでいる地元にも、「そうか、そんな歴史が刻まれた場所があるんだ！」という新たな発見があるのでは？

たとえば、近くの森がじつは古墳だったりするかもしれません。あるいは、よく知っている偉人の誕生地や、歴史的な出来事が起きた現場が意外と近いところにあったりするかもしれません。

まずは、そんなところにブラリと足を運んでみてはどうでしょう?

いろいろたいへんな時代ですが、忙しい日常を離れて、歴史を感じることで、きっと、新しい世界が広がっていくと思います。

本書がそんなきっかけになれば幸いです。

二〇二一年三月

ビビる大木

ビビる大木の幕末ひとり旅

2021年 4 月 9 日　　第 1 版第 1 刷発行

著　者　　ビビる大木
発行者　　柳町 敬直
発行所　　株式会社 敬文舎
〒 160-0023　東京都新宿区西新宿 3-3-23
ファミール西新宿 405 号
電話　03-6302-0699（編集・販売）
URL　http://k-bun.co.jp
印刷・製本　中央精版印刷株式会社

造本には十分注意をしておりますが、万一、乱丁、落丁本などがございましたら、小社宛てにお送りください。送料小社負担にてお取替えいたします。

Printed in Japan ISBN978-4-906822-41-6